古典家具价值汇典

西洋

大成 编著

紫禁城出版社

图书在版编目（CIP）数据

西洋古典家具价值汇典／大成编著. —北京：紫禁城出版社，
2007.9

（艺术品收藏价值丛书）

ISBN 978-7-80047-288-6

Ⅰ.西… Ⅱ.大… Ⅲ.家具－拍卖－价格－西方国家－古代

Ⅳ.F768.5

中国版本图书馆 CIP 数据核字(2007)第 139554 号

艺术品收藏价值丛书

西洋古典家具价值汇典

编　　著：大　成

图片提供：大　成

责任编辑：张　楠

装帧设计：北京春晓伟业图书公司

出版发行：紫禁城出版社

　　　　　　地址：北京东城区景山前街 4 号　　邮编：100009

　　　　　　电话：010-85117378　010-85117596　　传真：010-65263565

　　　　　　邮箱：ggzjc@vip.sohu.com

印　　刷：精美彩色印刷有限公司

开　　本：787 × 1092 毫米　1/16

印　　张：10

字　　数：60 千字

图　　版：535 幅

版　　次：2007 年 11 月第 1 版

　　　　　　2007 年 11 月第 1 次印刷

印　　数：1-3000 册

书　　号：ISBN 978-7-80047-288-6

定　　价：98.00 元

前言 QIANYAN

在历史上，古希腊人把地中海当作世界的中心，所以欧洲人一直把地中海以东的广大地区称为"东方"。正是由于这种方位的确立，东方便把欧洲称作"西洋"或"西方"，也包括地处非洲北部的古埃及和地处西亚的两河流域。

一、西洋古典家具概况

欧洲美术具有时代风格，一种艺术式样会因为流行而成为欧洲某个时期的文化特征。如罗马式、哥特式是中世纪（3~15世纪）美术式样，巴洛克式是17世纪美术式样，罗可可式是18世纪宫廷美术式样。另外，欧洲有众多的民族和国家，有不同的社会环境和文化背景，也会形成地域特点或民族特色。

西洋古典家具所用木材有：胡桃木、枞木、菩提木、橡木、黄杨木、红木、紫檀木、花梨木、桃花心木、栗木、椴木等。

二、西洋古典家具的主要艺术流派

1. 罗马式家具

罗马式是3~11世纪欧洲流行的美术式样。受这种时代风格的影响，罗马式家具以圆拱形为造型特征，装饰有三个鲜明的特点：一是以薄木雕刻的动植物纹作为家具的表面装饰；二是擅长使用旋木工艺制作家具的局部结构，如椅子腿和靠背、桌腿及柜腿都是以旋木法制成。旋木的木结，多为圆环、圆球形、长圆形或相互组合成家具部件；三是以兽头和兽足来装饰家具的腿足。这三个特点对后来的西洋家具影响很大，一直沿用到19世纪末。

2. 哥特式家具

哥特式是流行于12~15世纪初的欧洲美术式样，起源法国，以尖拱式雕刻造型为代表，典型家具有食品柜、碗橱、珍宝箱、桌子、椅等。哥特式家具还因欧洲各国的文化差异，形成地域特色，如英国哥特式家具，结构单纯而庄重，具有理性；法国哥特式家具线条清晰，严谨朴素；意大利哥特式家具重装饰雕刻，镶嵌精美，精工细作，却不失装饰繁缛。哥特式家具还创造了以薄板拼接镶嵌纹饰，即"折叠亚麻"的平面装饰工艺。

3. 巴洛克式家具

巴洛克是17世纪欧洲宫廷贵族喜欢的美术式样，产生于意大利，以热情奔放、动感强烈、装饰华丽为特色，风靡17世纪欧洲，成为17世纪欧洲美术的同义词。但欧洲各国的巴洛克式家具也不尽相同。

(1) 法国巴洛克式家具

法国路易十四时期是巴洛克式家具的鼎盛时期。典型家具有碗橱、桌、柜、床等，装饰采用了包铜、贴木面、镶嵌、浮雕和青铜铸像等工艺。著名的设计师是布尔，他用金属片和龟板重叠作为镶嵌装饰，创造了著名的"布尔镶嵌法"，充分表现了法国巴洛克时期宫廷家具的豪华富丽的特点，并一直影响到今天欧洲家具的风格。

(2) 德国巴洛克式家具

深受荷兰巴洛克式家具影响，工艺上采用旋木圆柱，波形模塑，后期多仿建筑式的半附柱和柱头，装饰配以茛苕叶、花果雕饰，同时也深受中国明式家具三弯腿造型和漆绘家具工艺风格影响。

(3) 英国巴洛克式家具

早期风格朴素，采用胡桃木居多，装饰采用透雕、细工、贴金花饰、垂花雕刻等工艺。在英国威廉三世和安妮皇后时期，具有英国民族风格的巴洛克家具才真正形成，主要工艺是贴木和细工镶嵌。镶嵌细工有"彩石式"、"海草式"两种，繁缛华丽，色调高雅。纹样主要是花鸟和蔓藤花饰样。主要品种有橱式写字台、五斗橱、桌子、刻花高靠背椅等等。

(4) 意大利巴洛克式家具

以细工、装饰豪华为特色，一般的橱、柜、桌上都有裸体人像、狮子、鹰式柱头、茛苕叶形等雕刻花纹，表面还采用用漆绘、贴金装饰工艺。

(5) 西班牙巴洛克式家具

家具有橱、柜、桌、椅、床等。受法国和意大利巴洛克家具影响，喜欢用黑檀、象牙、龟甲作镶嵌材料，装饰雕刻纹样有植物、人物、涡卷等。

(6) 佛兰德斯(比利时)和荷兰的巴洛克式家具

早期碗橱和桌子腿足是以半附柱、螺纹托架为装饰工艺，多配以皮革、天鹅绒包衬扶手靠背及坐垫。此外还有接榫、剡槽、涡卷、茛苕叶等装饰以及深受中国家具影响的象牙镶嵌、模塑、透雕漆绘、三弯腿等工艺。

4. 罗可可式家具

罗可可是法国宫廷流行的艺术式样，发端于法国路易十四时期（1643～1715年）晚期，在路易十五时期（1715～1774年）流行，又叫"路易十五式"。罗可可式家具的造型特征是：以优美弯曲的线条和精巧纤细的雕刻结合，家具的腿都是弯曲形的，有的连柜门都被处理成柔和起伏的曲面；雕刻装饰以带状的漩涡纹为主，四周布满了叶饰和蚌壳、水草的曲线形花纹；罗可可式的彩漆家具以黑漆和白漆为多，并贴以华丽的贴金浮雕和镶铜装饰，具有秀丽典雅的艺术风格。

(1) 法国罗可可式家具

法国罗可可式家具可分为"摄政时期"、"路易十五时期"两种风格。"摄政时期"家具以流畅轻巧的三弯腿为主，多采用雕刻、贴木、镶嵌、贴金、模塑等装饰工艺。装饰纹样以花卷、贝壳纹、茛苕叶、彩带纹饰为主，以胡桃木、花梨木、桃花心木等精美饰贴木，配以镀金铜饰。"路易十五时期"家具是法国罗可可式家具的盛期，多采用贴木、刺绣包衬、镀金铜饰、漆绘描金、镀金浮雕等工艺。

(2) 英国罗可可式家具

英国罗可可式家具分为两期：前期是"乔治时期"，讲究简洁优美和装饰朴素典雅的工艺风格。后期以18世纪英国家具设计家奇彭代尔设计的家具为代表。代表作有宽座，椅背轻巧，仿安妮皇后的椅子；直腿方靠背的梯形椅子；具有中国明式家具特征的花格雕饰和方结构椅子及四柱架子床，具有浓郁的民族风格。

(3) 德国罗可可式家具

采用木、牙、铜锡为镶嵌材料，以人物、花鸟为装饰纹样，主要有珍品橱、五屉柜、写字台、桌、椅等。

(4) 意大利罗可可式家具

多采用彩绘、贴金、漆绘等工艺，在色彩和装饰纹样上具有自己的民族风格。一种是铁家具，另一种是以象牙、骨片、龟甲为主要的镶嵌材料，绘制雕刻几何纹饰及天鹅绒包衬等工艺的家具。

(5) 新古典主义家具及工艺运动时期家具

新古典主义是18世纪50年代至19世纪初风靡欧洲的美术式样。法国的新古典家具盛期在路易十六执政期，所以又叫"路易十六式家具"。特点是：以消瘦的直线为造型基调，追求整体比例的协调，不做过分的细部雕饰，表现出注重理性，讲究节制，结构清晰和脉络严谨的古典主义精神。家具上多采用由上而下逐渐收缩的方形或圆形的脚，柜体的边框多用桃花心木等名贵材料作菱形和锥形的镶嵌装饰贴面。

这时期有较著名的法国"仕女闺房家具"，由著名家具设计师乔治·契可布设计。同期还有法兰索·欧本，1760年他为路易十五设计了转轮式办公桌。亚当·魏斯魏勒也是当时欧洲著名设计师，与朋友合作，被称为英国家具行业著名的"亚当"兄弟。而汤姆斯·谢拉顿在英国家具工艺艺术史上享有盛誉。

三、西洋古典家具的历史价值和艺术价值

在目前西方艺术品拍卖市场上，西洋古典家具深受世界收藏的喜爱，家具的价格一直居高不下，尤其是它的历史价值和艺术价值深远，并体现出巨大的经济价值。例如：

苏富比伦敦拍卖公司，1986～1987年拍卖一件1778年法国路易十六时期紫檀木装饰郁金香花纹写字台，以148.22万英镑成交；一件1745年镀金黄檀木镶花木桌，以23.1万英镑成交；一件1770年桃花心木扶手椅，以275万美元成交；一件1749年涂金木扶手椅以366.3万法郎成交。

英国博汉斯拍卖公司，1998年12月13日拍卖一件路易十五时期皇后安乐椅，预估价6～9万美元。

在目前国内市场上，西洋古典家具存世量相对较少，但其历史价值和艺术价值是人类共存的，尤其在今天，越是民族性的文化遗产，就是世界文化遗产。世界各民族在不同区域，不同文化背景下创造出独特的文化艺术在整个世界物质文化的大世界中融会，使其成为世界物质文明的重要组成部分。为了繁荣艺术品市场，为使广大的收藏家了解世界艺术品市场的信息，我们编辑此书，以飨读者。

西洋门厅家具陈设图

目录 MULU

注：说明文中 US$ 为美元标志；GBP 为英磅标志；EUR 为欧元标志；FF 为法郎标志；SF 为瑞士法郎标志。家具的计量为厘米标准。货币是以拍卖地所用币制为准。

西洋客厅家具陈设图

桌 子

桌子是西洋古典家具的一大类。按使用功能可分为餐桌、写字台、茶桌、条桌、折叠桌、转轮式书桌等；按时代风格可分为罗马式、巴洛克式、罗可可式（法国以"路易十五风格"家具为代表）、新古典主义时期（法国以"路易十六时期"为代表）。

罗马式桌子，造型上受罗马式建筑圆拱、柱式等的影响，桌腿全部采用旋木工艺制成，成为罗马式桌子最显著特点，并一直沿用到 19 世纪。

巴洛克式桌子，以橡木为主要用料，后期改用胡桃木，并以紫檀木和红木等名贵木材作为镶嵌用材。这个时期，还出现了一类带折叠桌面的书柜(橱)，平时陈设就是一个书柜，需要时可以拉开一扇门，就是宜于书写的桌面。同时，中国明式家具对欧洲也有一定的影响，如桌子采用三弯腿式和大漆装饰等，都是对中国明式家具的模仿。

法国"路易十五风格"桌子，以路易十五办公桌为代表。三弯腿，装饰采用雕刻、贴木、镶嵌；以精细的方形、圆形、菱形装饰工艺，还运用了贴金、镀金铜饰，富丽堂皇。

法国"路易十六时期"，即新古典主义时期，家具的造型和装饰一反罗可可式奢华风格，桌子腿部分以直线取代曲线，并缩短长度。代表作为路易十六王后玛莉·安妮时期的"嵌瓷高脚橱桌"，以彩瓷牌作装饰，用莨苕叶及玫瑰花装饰，镀金铜饰，是典型的路易十六时期的闺房家具。

这个时期还有德国设计师达维·列托根（1743～1807 年）设计的转轮式办公桌，采用了镶嵌图案和镀金铜饰，淡色贴木装饰，工艺精细，在当时有极大的影响。

下面介绍几种西洋古典桌的拍卖行情：

苏富比伦敦拍卖公司：

1986 年至 1987 年拍卖一件 1778 年法国路易十六时期紫杉木装饰郁金香纹写字台，高 113 厘米，以 148.22 万英镑成交，合 209 万美元；同年拍卖一件 1769 年镀金桃花心木及西洋梨木镶嵌转轮式写字台，长 189 厘米，以 6.16 万元英镑成交。

英国博汉斯拍卖公司：

2000 年 5 月 30 日拍卖一件 1760 年至 1780 年胡桃木折叠桌，估价 1～1.2 万元英镑；2004 年 1 月 12～15 日，拍卖一件 18 世纪桃花心木书架写字台，高 81 厘米，以 2 万欧元成交。

橡木供桌

年代：约 1890 年

尺寸：高 34.3cm　宽 20cm

拍卖时间：2000 年 5 月 30 日～6 月 2 日

估价：GBP 145,000～160,000

镀金石膏浮雕长方桌
年代：英国乔治一世时期
尺寸：宽 99cm
拍卖时间：1986~1987 年
成交价：US$ 88,000

蜗形脚门厅桌
年代：法国路易十五时期
尺寸：高 84cm　长 127cm
拍卖时间：1998 年 12 月 13 日
估价：US$ 13,000~18,000

大理石面雕花门厅桌
年代：18 世纪晚期
尺寸：高 85cm　长 130cm　宽 63cm
拍卖时间：2004 年 4 月 5 日
估价：EUR 6,000~7,000

蜗形脚长方桌
年代：法国路易十五时期
尺寸：高 91.5cm　长 157cm
拍卖时间：1998 年 12 月 13 日
估价：US$ 11,000~14,000

门厅边桌
年代：法国摄政时期
尺寸：高 81.5cm　长 133cm　宽 56cm
拍卖时间：1998 年 12 月 13 日
估价：US$ 44,000~61,000
成交价：US$ 64,173

（局部）

桌子

大理石面雕花方桌

年代：18 世纪

尺寸：高 90cm　长 142cm　宽 71cm

拍卖时间：2002 年 12 月 2 日

估价：EUR 10,000～12,000

大理石面雕花桌

年代：英国乔治二世时期

尺寸：高 86cm　长 113cm　宽 61cm

拍卖时间：2000 年 5 月 30 日～6 月 2 日

估价：GBP 8,500～10,000

镀金饰斑岩面长方桌

年代：法国路易十六时期

尺寸：长 102.2cm

拍卖时间：1986～1987 年

成交价：US$ 159,500

椴木镶嵌象牙郁金香木桃花心木餐具桌

年代：英国乔治三世时期

尺寸：长 182cm

拍卖时间：1986～1987 年

成交价：GBP 88,000

长方桌
年代：法国路易十五时期
尺寸：高98.5cm　长115cm
拍卖时间：1998年12月13日
估价：US$ 14,000～21,000
成交价：US$ 16,197

长方桌
年代：法国路易菲利浦时期
尺寸：高94cm　长121cm
拍卖时间：1998年12月13日
估价：US$ 5,300～8,800
成交价：US$ 22,271

长方桌
年代：法兰西第一帝国时期
尺寸：高95.5cm　长145cm
拍卖时间：1998年12月13日
估价：US$ 35,000～53,000

（局部）

5

桃花心木半圆桌
年代：英国乔治三世时期
尺寸：高101cm　长48cm　宽74cm
拍卖时间：2003年9月30日
估价：GBP 600～900

胡桃木半圆桌
年代：约1790年
尺寸：高72cm　直径91.5cm
拍卖时间：2000年5月30日～6月2日
估价：GBP 1,800～2,000

桃花心木半圆桌（1对）
年代：英国乔治三世时期
尺寸：宽91cm
拍卖时间：2003年9月2日
估价：GBP 800～1,200

胡桃木半圆桌
年代：20世纪早期
尺寸：高92cm　长46cm　宽74cm
拍卖时间：2003年6月10日
估价：GBP 500～600

（局部）

紫杉郁金香木圆形桌
年代：英国维多利亚中期
尺寸：高 75cm　直径 130cm
拍卖时间：1999 年 7 月 7 日
估价：GBP 10,000～15,000
成交价：GBP 25,300

紫檀圆桌
年代：约 1840 年
尺寸：直径 52cm
拍卖时间：2000 年 5 月 30 日～6 月 2 日
估价：GBP 10,000～12,000

（桌面）

紫檀及椴木圆桌
年代：英国威廉四世时期
尺寸：高 74cm　宽 131cm
拍卖时间：2003 年 9 月 30 日
估价：GBP 1,500～2,000

紫檀独腿圆餐桌
年代：法国摄政时期
尺寸：高 70cm　宽 121cm
拍卖时间：2004 年 10 月 19 日
估价：GBP 1,500～2,000

桃花心木独腿圆桌
年代：法国摄政时期
尺寸：高 71cm　直径 122cm
拍卖时间：2000 年 5 月 30 日～6 月 2 日
估价：GBP 2,500～4,000

紫檀独腿圆桌
年代：英国威廉四世时期
尺寸：高 75cm　直径 136cm
拍卖时间：2002 年 7 月 2 日
估价：GBP 2,500～3,500

西洋客厅家具陈设图

拿破仑玳瑁壳和黄铜镀金桌
年代：19 世纪早期
尺寸：高 74cm　宽 35cm
拍卖时间：2004 年 10 月 19 日
估价：GBP 120,000～180,000

桃木圆桌
年代：19 世纪早期
尺寸：长 77cm　宽 140cm
拍卖时间：2002 年 12 月 2 日
估价：EUR 15,000～18,000

费城花边独腿圆桌
年代：约 1750 年
尺寸：高 61cm　直径 81cm
拍卖时间：2000 年 5 月 30 日～6 月 2 日
估价：GBP 5,000～7,500

桃花心木圆桌
年代：法国摄政时期
尺寸：高 71cm　直径 122cm
拍卖时间：2000 年 5 月 30 日～6 月 2 日
估价：GBP 2,500～4,000

桃花心木圆桌
年代：19 世纪
尺寸：不详
拍卖时间：2004 年 6 月 24 日
估价：GBP 3,000～5,000

圆桌
年代：法国路易十六时期
尺寸：高73cm　直径94cm
拍卖时间：1998年12月13日
估价：US$ 27,000~35,000

八角桌
年代：不详
尺寸：高75cm　宽65cm
拍卖时间：2003年9月16日
估价：EUR 7,000~10,000
（有色树木及骨色木镶嵌，由星形图案呈辐射状造型及多边形造型组成，桌面中心由中式佛塔风格图案点缀。柱形桌腿装饰成棕叶状角石。下层桌面由一个星形多边形在中部点缀）

大理石桌面镀金桌腿餐桌
年代：17世纪
尺寸：高80cm　长180cm　宽140cm
拍卖时间：2002年12月2日
估价：EUR 15,000~18,000

西洋餐厅家具陈设图

桃花心木扩充餐桌
年代：英国威廉四世时期
尺寸：高 72cm　长 479cm　宽 178cm
拍卖时间：2004 年 5 月 11 日
估价：GBP 6,000～10,000

桃花心木及椴木独腿桌
年代：英国乔治四世时期
尺寸：长 184cm　宽 120cm
拍卖时间：2004 年 6 月 24 日
估价：GBP 2,000～3,000

桃花心木独腿桌
年代：英国乔治三世时期
尺寸：高 71cm　长 161cm　宽 120cm
拍卖时间：2003 年 9 月 2 日
估价：GBP 800～1,200

独腿桌
产地：荷兰
年代：19 世纪
尺寸：长 159cm　宽 107cm　高 46cm
拍卖时间：2003 年 9 月 2 日
估价：GBP 800～1,200

桃花心木茶桌
年代：1700 年
尺寸：高 78cm　长 223cm　宽 78cm
拍卖时间：2004 年 1 月 12～15 日
估价：EUR 8,000

桃花心木和椴木独腿餐桌
年代：法国摄政时期
尺寸：高 106cm　长 183cm
拍卖时间：2004 年 6 月 24 日
估价：GBP 2,000～3,000

桌
子

桃花心木扩充餐桌
年代：英国维多利亚女王时期
尺寸：高74cm　长240cm　宽120cm
拍卖时间：2003年9月30日
估价：GBP 800~1,000

桃花心木扩充餐桌
年代：英国维多利亚女王时期
尺寸：高76cm　长280cm　宽120cm
拍卖时间：2003年6月10日
估价：GBP 2,000~3,000

西洋餐厅家具陈设图

桃花心木巴洛克式折叠桌
年代：英国乔治三世时期
尺寸：高71cm 宽92cm
拍卖时间：2003年2月4日
估价：GBP 1,500～2,000

紫檀巴洛克式折叠桌
年代：法国摄政时期
尺寸：高72cm 长121cm 宽99cm
拍卖时间：2002年7月2日
估价：GBP 3,000～4,000

西洋起居室家具陈设图

折叠餐桌
年代：英国乔治三世时期
尺寸：长164cm 宽113cm
拍卖时间：2004年6月24日
估价：GBP 1,800～2,500

桃花心木餐桌
年代：法国摄政时期
尺寸：高 71cm　长 179cm
　　　宽 124cm
拍卖时间：2001 年 10 月 29 日
估价：GBP　800~1,200

橡木可折叠餐桌
年代：18 世纪
尺寸：高 77cm　长 214cm　宽 114cm
拍卖时间：2002 年 12 月
估价：EUR　7,000~8,000

橡木可折叠桌
年代：约 1780 年
尺寸：高 73.5cm　长 190.5cm
　　　宽 58.5cm
拍卖时间：2000 年 5 月 30 日~6 月 2 日
估价：GBP　800~1,000

橡木分离扩充餐桌

年代：英国维多利亚女王时期

尺寸：高 73.5cm   长 480.5cm
        宽 143.5cm

拍卖时间：2003 年 9 月 16 日

估价：GBP 5,000~8,000

桃花心木餐桌

年代：19 世纪早期

尺寸：长 214cm   宽 135cm

拍卖时间：2003 年 9 月 2 日

估价：GBP 1,500~2,000

西洋餐厅家具陈设图

桌
子

黑漆涂金雕花桌
年代：约1860年
尺寸：长160cm
拍卖时间：1986～1987年
成交价：GBP 94,600

紫檀及椴木半圆形书桌
年代：20世纪
尺寸：高90cm　直径151cm
拍卖时间：1999年7月7日
成交价：GBP 2,070

大理石桌面橡木方桌
年代：18世纪
尺寸：高79cm　长125cm　宽64cm
拍卖时间：2004年1月12～15日
估价：EUR 10,000～15,000

西
洋

古
典
家
具
价
值
汇
典

桃花心木和橡木餐桌
年代：不详
尺寸：高 69cm　长 172cm　宽 62cm
拍卖时间：2004 年 10 月 19 日
估价：GBP　400～600

桃花心木书桌
年代：不详
尺寸：高 72cm　长 122cm　宽 68cm
拍卖时间：2004 年 10 月 19 日
估价：GBP　3,000～5,000

胡桃木坡面办公桌
年代：不详
尺寸：高 92.5cm　长 109.5cm
　　　宽 54cm
拍卖时间：2003 年 9 月 16 日
估价：EUR　4,000～5,000
（胡桃木珍珠色锡线镶嵌造型，整个
桌面茉莉花纹点缀，带有活动板，正
面三个抽屉缺方木边）

大理石面镀金黑地白花长方桌
年代：英国乔治二世时期
尺寸：长 155cm
拍卖时间：1986～1987 年
成交价：FF 1,332,000

胡桃木多人餐桌
年代：18 世纪晚期
尺寸：高 81cm　长 124cm　宽 119cm
拍卖时间：2003 年 5 月 30 日
估价：EUR 2,500～3,500

黄檀木镀金嵌花书桌
产地：荷兰
年代：约 1860 年
尺寸：长 140cm
拍卖时间：1986～1987 年
成交价：GBP 77,000

胡桃木漆桌

产地：葡萄牙

年代：18 世纪晚期

尺寸：高 72cm　长 118cm　宽 78cm

拍卖时间：2004 年 4 月 5 日

估价：EUR　3,500~4,000

胡桃木罗马柱腿方桌

年代：18 世纪早期

尺寸：高 53cm　长 116cm　宽 120cm

拍卖时间：2002 年 12 月 2 日

估价：EUR　4,000~5,000

西洋书房家具陈设图

胡桃木雕花独腿桌
年代：英国维多利亚女王晚期
尺寸：高76cm　长280cm　宽120cm
拍卖时间：2003年6月10日
估价：GBP 300~400

桃花心木餐桌
年代：18世纪中期
尺寸：高65cm　长75cm　宽75cm
拍卖时间：2004年4月5日
估价：EUR 3,000~4,000

（桌面）

古罗马风格桌子
年代：18世纪，桌面17世纪
尺寸：高69cm　长115cm
拍卖时间：1998年12月13日
成交价：US$ 48,592

独腿圆桌
年代：法国路易十六时期
尺寸：高 71.5cm　直径 55cm
拍卖时间：1998 年 12 月 13 日
成交价：US$ 4,050

胡桃木独腿圆桌
年代：约 1770 年
尺寸：高 71cm　直径 53cm
拍卖时间：2000 年 5 月 30 日～6 月 2 日
估价：GBP 1,500～1,800

紫檀木小台桌
年代：英国威廉四世时期
尺寸：高 80cm　长 34cm　宽 41cm
拍卖时间：2001 年 10 月 29 日
估价：GBP 600～800

独腿小圆桌
年代：法国路易十六时期
尺寸：高 74cm　直径 33cm
拍卖时间：1998 年 12 月 13 日
成交价：US$ 7,086

餐桌

年代：19世纪晚期

尺寸：高81cm　长99cm　宽61cm

拍卖时间：2004年10月19日

估价：GBP 600~800

桃花心木及椴木镶嵌淑女写作桌

年代：英国爱德华时期

尺寸：高77cm　长98cm　宽57cm

拍卖时间：2004年5月11日

估价：GBP 1,000~1,500

帝国风格三脚圆桌

年代：19世纪早期

尺寸：高102cm

拍卖时间：1998年12月13日

估价：US$ 32,000~39,000

桃花心木折叠写字桌

年代：英国乔治三世时期

尺寸：高100cm　长68cm　宽51cm

拍卖时间：2002年7月2日

估价：GBP 600~800

小桌
年代：法国路易十五时期
尺寸：高 73cm　长 42.5cm　宽 30cm
拍卖时间：1998 年 12 月 13 日
成交价：US$ 18,222

乌木床头桌
年代：19 世纪晚期
尺寸：高 62cm　长 41cm　宽 29cm
拍卖时间：2004 年 4 月 5 日
估价：EUR 1,000～1,200

小桌
年代：18 世纪晚期
尺寸：高 72cm　长 40cm　宽 33cm
拍卖时间：1998 年 12 月 13 日
成交价：US$ 9,718

桃木小桌
年代：18 世纪晚期
尺寸：高 66cm　长 57cm　宽 41cm
拍卖时间：2004 年 4 月 5 日
估价：EUR 1,500～1,700

西洋
古典家具价值汇典

桃花心木镶嵌茶桌
年代：18 世纪
尺寸：高 74cm 直径 60cm
拍卖时间：2004 年 4 月 5 日
估价：EUR 6,500～8,000

圆桌
年代：18 世纪
尺寸：高 75.5cm 直径 77cm
拍卖时间：1998 年 12 月 13 日
估价：US$ 21,000～26,000

法国小桌
年代：19 世纪
尺寸：高 81cm 长 67cm 宽 39cm
拍卖时间：1998 年 12 月 13 日
估价：US$ 27,000～35,000

鸟及心形架油漆桌
年代：约 1900 年
尺寸：高 75cm
拍卖时间：2000 年 5 月 30 日～6 月 2 日
估价：GBP 6,000～8,000

胡桃木镶边翻盖式圆桌
年代：18 世纪
尺寸：高 85cm
拍卖时间：2004 年 6 月 24 日
估价：GBP 1,000～1,500

长方桌
年代：法国路易十六时期
尺寸：高 73cm　长 115cm　宽 61cm
拍卖时间：1998 年 12 月 13 日
成交价：US$ 8,099

紫杉木刻边巴洛克式桌
年代：英国乔治三世时期
尺寸：高 74cm　长 76cm　宽 76cm
拍卖时间：2002 年 7 月 2 日
估价：GBP 2,000～3,000

黑漆涂金套桌
年代：法国摄政时期
尺寸：高 76cm　长 46cm　宽 36cm
拍卖时间：2004 年 10 月 19 日
估价：GBP 1,000～1,500

桃花心木茶桌

年代：英国乔治一世时期

尺寸：高 72cm　长 89cm　宽 44cm

拍卖时间：2004 年 10 月 19 日

估价：GBP 400～600

桃花心木三弯腿小桌

年代：18 世纪晚期

尺寸：高 69cm　长 60cm　宽 44cm

拍卖时间：2004 年 4 月 5 日

估价：EUR 3,000～3,500

（桌面）

小桌兼梳妆台

年代：不详

尺寸：高 82cm　长 72cm　宽 64cm

拍卖时间：2003 年 9 月 16 日

估价：EUR 1,500～2,000

（细木镶嵌，珠色及骨色的几何图案、星形图案点缀，桌面造型优雅，由四条方形桌腿支撑）

费城红木三弯腿小桌
年代：约 1750 年
尺寸：高 79cm　长 70cm　宽 38cm
拍卖时间：2000 年 5 月 30 日～6 月 2 日
估价：GBP 5,000～8,000

餐具桌
年代：法国路易十六时期
尺寸：高 88.5cm　长 98cm　宽 38cm
拍卖时间：1998 年 12 月 13 日
成交价：US$ 10,124

紫檀木桌
产地：葡萄牙
年代：18 世纪
尺寸：高 75cm　长 95cm　宽 66cm
拍卖时间：2000 年 5 月 30 日～6 月 2 日
估价：GBP 18,000～25,000

紫杉木郁金香木组合巴洛克式桌
年代：英国乔治三世时期
尺寸：高 74cm　长 93cm　宽 71cm
拍卖时间：1999 年 7 月 7 日
估价：GBP 7,000～10,000

桃花心木食物小桌（1对）
年代：18 世纪
尺寸：高 80cm　长 45cm
拍卖时间：2003 年 5 月 30 日
估价：EUR 3,800～4,000

胡桃木床边桌（1对）
年代：英国乔治三世时期
尺寸：高 80cm　长 39cm　宽 37cm
拍卖时间：2003 年 2 月 4 日
估价：GBP 3,000～5,000

桃木镶嵌三腿圆茶桌（1对）
年代：不详
尺寸：高 74cm　直径 64cm
拍卖时间：2003 年 5 月 30 日
估价：EUR 3,500～4,000

紫杉木巴洛克式桌

年代：约 1790 年

尺寸：高 71cm　长 100cm　宽 76cm

拍卖时间：2000 年 5 月 30 日～6 月 2 日

估价：GBP 1,800～2,000

桃花心木茶桌

年代：英国乔治四世时期

尺寸：高 74cm　长 86.5cm　宽 43cm

拍卖时间：2003 年 2 月 4 日

估价：GBP 1,500～2,000

紫檀木书桌

年代：英国威廉时期

尺寸：高 104cm　长 98cm　宽 81cm(展开)

拍卖时间：2000 年 5 月 30 日～6 月 2 日

估价：GBP 12,000～15,000

椴木和多色画装饰写作桌

年代：英国爱德华时期

尺寸：高 76cm　长 91cm　宽 56cm

拍卖时间：2004 年 10 月 19 日

估价：GBP 800～1,200

叙利亚风格小桌
年代：不详
尺寸：高 47cm 直径 39cm
拍卖时间：2003 年 9 月 16 日
估价：EUR 300～400

彩绘桌
年代：约 1835 年
尺寸：高 70.5cm 长 54.5cm 宽 45cm
拍卖时间：2000 年 5 月 30 日～6 月 2 日
估价：GBP 600～900

（桌面）

多边六腿小桌
年代：不详
尺寸：高 54cm 直径 54cm
拍卖时间：2003 年 9 月 16 日
估价：EUR 1,200～1,500
（胡桃木雕刻而成，由珠光色及乌木色的星形图案点缀。桌面由阿拉伯文书法图案造型，笔划指向中心星形图案）

（桌面）

长方桌

年代：不详

尺寸：长 47.5cm　高 75cm

拍卖时间：2003 年 9 月 16 日

估价：EUR 1,200~1,500

（胡桃木雕刻而成，珠光色乌木色衬托桌面，由地毯图案组合造型点缀）

（桌面）

点心桌

年代：不详

尺寸：高 72cm　长 61cm　宽 45.5cm

拍卖时间：2003 年 9 月 16 日

估价：EUR 1,500~2,000

（胡桃木雕刻，由珠光及乌木组成的星形图案镶嵌而成。顶部桌面由阿拉伯书法图案造型，书法笔划呈辐射状围绕中心的珠光色星形图案，两个托盘桌面由四条弓形桌腿支撑）

桃花心木桌

年代：英国乔治二世时期

尺寸：高72cm　宽92cm（展开106cm）

拍卖时间：2003年2月4日

估价：GBP 1,500～2,500

桃花心木独腿桌

年代：英国乔治三世时期

尺寸：高74cm　长78cm　宽56cm

拍卖时间：2003年2月4日

估价：GBP 1,200～1,800

桃花心木小书桌

年代：英国乔治四世时期

尺寸：长53cm　宽57cm　高84.5cm

拍卖时间：1999年7月7日

成交价：GBP 3,220

西洋起居室家具陈设图

坡面桌
年代：法国路易十五时期
尺寸：高 97.5cm　长 92cm
拍卖时间：1998 年 12 月 13 日
估价：US\$ 14,000～21,000

坡面桌
年代：法国路易十五时期
尺寸：高 102cm　长 96.5cm
拍卖时间：1998 年 12 月 13 日
成交价：US\$ 24,295

紫檀及椴木组合转轮式书桌
年代：法国摄政时期
尺寸：高 133.5cm　长 82cm　宽 52cm
拍卖时间：1999 年 7 月 7 日
成交价：GBP 6,325

红木镶嵌办公室写字桌
年代：19 世纪中期
尺寸：高 97cm　长 114cm　宽 51cm
拍卖时间：2004 年 4 月 5 日
估价：EUR 1,500～2,000

（局部）

化妆桌

年代：法国路易十六时期

尺寸：高 75.5cm

拍卖时间：1998 年 12 月 13 日

估价：US$ 70,000～110,000

桃花心木镶嵌桌

年代：18 世纪中期

尺寸：高 74cm　长 91cm　宽 49cm

拍卖时间：2004 年 4 月 5 日

估价：EUR 3,000～4,000

桃花心木小桌

年代：19 世纪

尺寸：高 84cm　长 107cm　宽 54cm

拍卖时间：2004 年 10 月 19 日

估价：GBP 800～1,000

桌子

桃花心木沙发桌
年代：法国摄政时期
尺寸：长 109cm
拍卖时间：2003 年 2 月 4 日
估价：GBP 3,000～5,000

桃花心木沙发桌
年代：法国摄政时期
尺寸：长 147cm
拍卖时间：2003 年 6 月 12 日
估价：GBP 2,000～3,000

镀金饰大理石桌面
产地：意大利佛罗伦萨
年代：约 1880 年
尺寸：长 130cm
拍卖时间：1986～1987 年
成交价：GBP 34,100

胡桃木牡蛎和海草镶嵌长方桌
年代：不详
尺寸：不详
拍卖时间：2004 年 6 月 24 日
估价：GBP 3,000～4,000

桃花心木餐具桌
年代：英国乔治三世时期
尺寸：高 91cm　长 161cm　宽 84cm
拍卖时间：2000 年 5 月 30 日～6 月 2 日
估价：GBP 8,000～10,000

办公桌
年代：法国路易十六时期
尺寸：高 75cm　长 146.5cm　宽 73cm
拍卖时间：1998 年 12 月 13 日
成交价：US$ 8,099

（桌面）

细木镶嵌写字桌
年代：不详
尺寸：高 77.5cm　长 106cm　宽 62.5cm
拍卖时间：2003 年 9 月 16 日
估价：EUR 3,000～4,000
（由珍贵木材细木镶嵌而成。骨色，珠光色的几何图案点缀。
中部星形图案仿造地毯图案。桌侧面（腰部桌面）同样风格
图案，并由阿拉伯式风格的遮窗格栅图案点缀，桌腿微微弯
曲造型）

桃花心木餐具桌
年代：19 世纪
尺寸：高 49cm　长 153cm　宽 93cm
拍卖时间：2004 年 10 月 19 日
估价：GBP 900～1,000

胡桃木书桌
年代：20 世纪早期
尺寸：高 79cm　长 97cm　宽 58cm
拍卖时间：2004 年 4 月 5 日
估价：EUR 600～800

西洋客厅家具陈设图

胡桃木书架写字桌
产地：葡萄牙
年代：18 世纪
尺寸：高 144cm　长 125cm　宽 76cm
拍卖时间：2004 年 4 月 5 日
估价：EUR 3,500～4,500

黄铜饰桃花心木桌
产地：俄国
年代：18 世纪晚期
尺寸：长 126cm
拍卖时间：1986～1987 年
成交价：GBP 66,000

桃花心木书桌
年代：不详
尺寸：高 77cm　长 139cm
　　　宽 101cm
拍卖时间：2004 年 1 月 12～15 日
估价：EUR 60,000

紫檀木办公桌
年代：19 世纪
尺寸：高 110cm　长 185cm
　　　宽 90cm
拍卖时间：2004 年 1 月 12～15 日
估价：EUR 35,000～40,000

镀金镶嵌书桌

年代：英国乔治四世时期

尺寸：长 134cm

拍卖时间：1986～1987 年

成交价：GBP 42,900

桃花心木书桌

年代：约 1765 年

尺寸：高 81cm　长 142cm
　　　宽 104cm

拍卖时间：2000 年 5 月
　　　　　30 日～6 月 2 日

估价：GBP 8,000～10,000

**镀金饰桃花心木及西洋梨木
嵌花写字台**

年代：约 1769 年

尺寸：长 189cm

拍卖时间：1986～1987 年

成交价：GBP 61,600

桌
子

黑漆涂金书桌
年代：法国路易十五时期
尺寸：长 192.5cm
拍卖时间：1986～1987 年
成交价：**US\$ 583,000**

镀金铜饰桃花心木书桌
年代：18 世纪晚期
尺寸：长 164cm
拍卖时间：1986～1987 年
成交价：**US\$ 220,000**

橡木化妆桌
年代：18 世纪
尺寸：长 186cm
拍卖时间：2004 年 6 月 24 日
估价：GBP 2,000～3,000

胡桃木书桌
年代：英国乔治二世时期
尺寸：长 122cm
拍卖时间：1986～1987 年
成交价：GBP 88,000

桃花心木书桌
年代：英国乔治三世时期
尺寸：高 79cm 长 171cm
　　　宽 141cm
拍卖时间：2003 年 9 月 16 日
估价：GBP 7,000～10,000

桃花心木嵌花书桌
年代：不详
尺寸：高 72cm 长 143cm
　　　宽 84cm
拍卖时间：2003 年 5 月 30 日
估价：EUR 12,000～15,000

胡桃木书桌

年代：不详

尺寸：高 79cm　长 174cm　宽 94cm

拍卖时间：2004 年 10 月 19 日

估价：GBP 400~600

桃花心木书桌

年代：20 世纪早期

尺寸：高 77cm　长 166cm　宽 113cm

拍卖时间：2004 年 10 月 19 日

估价：GBP 800~1,200

桃花心木书桌

年代：19 世纪

尺寸：高 84cm　长 165cm　宽 84cm

拍卖时间：2000 年 5 月 30 日~6 月 2 日

估价：GBP 3,500~5,000

桃花心木书桌

年代：19 世纪

尺寸：高 79cm　长 121cm　宽 75cm

拍卖时间：1999 年 7 月 7 日

估价：GBP 1,500~2,000

叙利亚风格小桌

年代：不详

尺寸：高 42cm　长 47cm　宽 39cm

拍卖时间：2003 年 9 月 16 日

估价：EUR 300~400

紫檀及黄檀木书桌

年代：英国威廉四世时期

尺寸：高 77cm　长 107cm　宽 59cm

拍卖时间：2003 年 9 月 30 日

估价：GBP 1,000~1,500

桃花心木镶嵌建筑师用双人桌
年代：约 1800 年
尺寸：不详
拍卖时间：2000 年 5 月 30 日～6 月 2 日
估价：GBP 5,500～8,500

（背面）

双镜素面梳妆桌
年代：约 1905 年
尺寸：高 168cm　长 183cm　宽 70cm
拍卖时间：2000 年 5 月 30 日～6 月 2 日
估价：GBP 2,000～3,500

山毛榉木华格纳设计桌
年代：约 1904～1906 年
尺寸：长 116cm
拍卖时间：1986～1987 年
成交价：US$ 46,750

镶嵌涂金写字桌

年代：法国路易十六时期

尺寸：长 89cm

拍卖时间：1986～1987 年

成交价：FF 4,995,000

镀金黄檀木镶花木桌

年代：约 1745 年

尺寸：长 170cm

拍卖时间：1986～1987 年

成交价：GBP 231,000

桃花心木及黄杨木镶边茶桌（1 对）
年代：英国乔治三世时期
尺寸：高 73.5cm
拍卖时间：2003 年 9 月 16 日
估价：GBP 3,000～5,000

胡桃木长方桌
年代：英国乔治二世时期
尺寸：不详
拍卖时间：2004 年 6 月 24 日
估价：GBP 1,000～1,500

桃花心木建筑师用桌
年代：英国乔治三世时期
尺寸：长 184　宽 120cm（展开）
拍卖时间：2004 年 6 月 24 日
估价：GBP 1,500－2,000

胡桃木书桌
年代：英国乔治一世时期
尺寸：高65cm　长78.9cm　宽41cm
拍卖时间：2000年5月30日～6月2日
估价：GBP 6,000～8,000

桃花心木书桌
年代：英国乔治三世时期
尺寸：高83cm　长84cm　宽52cm
拍卖时间：2004年5月11日
估价：GBP 1,500～2,500

胡桃木书桌
年代：法国安妮皇后时期
尺寸：不详
拍卖时间：2000年5月30日～6月2日
估价：GBP 3,500～4,600

胡桃木和黄杨木写字桌
年代：英国乔治一世时期
尺寸：长91cm
拍卖时间：2004年6月24日
估价：GBP 2,000～3,000

椅子

椅子出现很早，目前所知，以古埃及新王国时期（公元前1570～前1320年）的木椅为最早。木椅采用弧形的椅座面和后倾斜的椅子靠背，无扶手，靠背上有一个镂空雕刻的侧身下跪的女人；局部采用金箔贴面，木椅庄严华贵，富丽堂皇，是古埃及家具中的精品。

中世纪欧洲罗马式椅（旋木腿）以及12～15世纪流行于欧洲的椅子，都采用了哥特式建筑的尖拱形式，造型较为厚重，装饰简洁，较注重雕刻和镶嵌，精美工细，有的还采用"亚麻布"、"羊皮纸状"等平面装饰技法。

欧洲文艺复兴时期家具，有罗马、佛罗伦萨和威尼斯三大家具制作中心，装饰采用绘画、镶嵌、雕刻、石膏浮雕等技法。此期法国椅子，造型严谨，装饰多采用石刻浮雕花饰及贴金工艺。英国在16世纪末则出现天鹅绒坐垫和帷盖的大椅子。德国以纽伦堡为家具制造中心，椅子以枞木、桦木为主，有雕刻耳形装饰、涡卷花饰、透雕靠背的椅子，回栏椅背的方座椅、半圆椅以及带有天鹅绒、皮草坐垫的椅子。

17世纪，巴洛克式家具流行，荷兰阿姆斯特丹国立美术馆收藏有荷兰巴洛克式椅，造型曲线优美，靠背以藤条编织，椅垫以天鹅绒包衬。

法国巴洛克式家具流行于"路易十四时期"，这种风格豪华的家具吸取了意大利巴洛克式家具的优秀设计和制作工艺，如椅子的边、角多采用镀金饰铜处理，以保护精致的贴面；同时还采用象牙、龟甲、金属等进行镶嵌装饰。现藏美国纽约大都会美术馆的"豪华型椅子"，高靠背，深座，腿部呈曲线形，弯腿部分涂金，椅垫及靠背包衬有天鹅绒和织锦，表现出极其高超的工艺。

英国巴洛克式家具，主要流行于威廉三世和安妮皇后时期，家具装饰以"彩石式"贴木镶嵌和"海草式"镶嵌细工为主，纹样繁缛，色彩高雅，镶嵌的纹样往往与木底一样高低平滑，毫无粗糙之感。有一种高靠背刻花或椭圆形编藤靠背椅子，造型和装饰都较独特。

法国罗可可式家具，流行于"摄政时期"和"路易十五时期"。现藏美国纽约大都会美术馆的"扶手靠椅"，高椭圆靠背，三弯腿，曲线造型流畅优美，线条纤细高贵；装饰技法有雕刻、涂金、模塑等技法；靠背、坐垫、扶手包衬，充分显示了宫廷家具的华丽富贵。

英国罗可可式家具流行于"乔治时期"，椅子有著名的家具设计师奇彭代尔所设计的"奇彭代尔式座椅"，椅座宽大，靠背精巧，仿安妮皇后式椅子座；另一种是直腿方形靠背的梯形椅子；还有一种是具有镂空雕饰和方形结构的中国式椅子，即奇彭代尔式沙发椅。

法国新古典时期家具流行于"路易十六时期"，现为法国巴黎卢浮宫收藏的"路易十六式扶手椅"，是由欧洲著名的家具设计师乔治·契可布（1139～1814年）设计，以涂金浮雕装饰为独特风格。

英国新古典时期著名的家具设计师罗伯特·亚当（1728～1792年）与朋友合作设计，在英国设计史上称"亚当兄弟"。设计整体风格追求直线的明晰和刚劲，装饰以雕垂花、玫瑰花和棕榈叶为主。乔治·赫巴怀特（1700～1786年）设计的桌椅，注重曲线的运用，造型雅致，比例合理，运用贴片、镶木、彩绘等技法，常以锦缎或云绸包衬。另一设计大师是汤姆特·谢拉顿（1750～1806年），他设计的椅子主要运用贴片、贴金、彩绘、刻槽和平雕等技法，造型以小巧、简洁、优雅见长。

扶手椅

年代：法国路易十五时期

尺寸：高 92cm

拍卖时间：1998 年 12 月 13 日

成交价：US$ 11,743

有耳安乐椅

年代：法国路易十五时期

尺寸：高 104cm

拍卖时间：1998 年 12 月 13 日

成交价：US$ 30,370

桃花心木扶手椅

年代：英国乔治三世时期

尺寸：高 118cm　长 71cm　宽 68.5cm

拍卖时间：2000 年 5 月 30 日～6 月 2 日

估价：GBP 5,000～6,000

涂金雕花木扶手椅

年代：英国维多利亚女王时期

尺寸：不详

拍卖时间：2001 年 10 月 29 日

估价：GBP 800～1,200

桃花心木阅览室扶手椅

年代：英国乔治二世时期

尺寸：不详

拍卖时间：2003 年 2 月 4 日

估价：GBP 10,000～15,000

桃花心木阅览室扶手椅

年代：英国乔治二世时期

尺寸：不详

拍卖时间：2003 年 2 月 4 日

估价：GBP 5,000～8,000

桃木图书馆扶手椅

年代：19 世纪中期

尺寸：不详

拍卖时间：2004 年 4 月 5 日

估价：EUR 1,700～2,000

胡桃木图书馆扶手椅

年代：英国乔治二世时期

尺寸：不详

拍卖时间：2000 年 5 月 30 日～6 月 2 日

估价：GBP 11,000～15,000

奇彭代尔式桃花心木扶手椅
产地：英国
年代：约1770年
尺寸：不详
拍卖时间：1986～1987年
成交价：US$ 1,100,000

桃花心木扶手椅
年代：约1770年
尺寸：不详
拍卖时间：1986～1987年
成交价：US$ 2,750,000

扶手椅
年代：法兰西第一帝国时期
尺寸：高103cm　长67.5cm
拍卖时间：1998年12月13日
成交价：US$ 11,136

扶手椅
年代：法国路易十五时期
尺寸：高94cm
拍卖时间：1998 年 12 月 13 日
估价：US\$ 2,700~3,500

扶手椅
年代：法国路易十五时期
尺寸：高95cm
拍卖时间：1998 年 12 月 13 日
成交价：US\$ 19,234

西洋起居室家具陈设图

胡桃木扶手椅
年代：英国乔治二世时期
尺寸：不详
拍卖时间：1986~1987 年
成交价：US\$ 63,250

扶手椅
年代：法国摄政时期
尺寸：高89cm　长61cm　宽76cm
拍卖时间：2000年5月30日~6月2日
估价：GBP 6,000~7,000

橡木装壁板扶手椅
年代：约1675年
尺寸：不详
拍卖时间：1986~1987年
成交价：US\$ 528,000

涂金木扶手椅
年代：约1749年
尺寸：不详
拍卖时间：1986~1987年
成交价：FF 3,663,000

扶手椅

年代：不详

尺寸：高 83cm 长 63cm 宽 37cm

拍卖时间：2003 年 9 月 16 日

估价：EUR 800～1,000

（整体由珍贵木材细木镶嵌而成，由骨色及珠光色几何星形图案点缀。椅背弯曲，由小立柱通风，四条椅腿支持站立）

胡桃木扶手椅

年代：英国威廉四世时期

尺寸：不详

拍卖时间：2004 年 6 月 24 日

估价：GBP 800～1,200

西洋门厅家具陈设图

桃花心木雕花扶手椅

年代：20 世纪早期

尺寸：不详

拍卖时间：2003 年 6 月 10 日

估价：GBP 400～600

软座圈椅（1对）

年代：法国路易十五时期

尺寸：高 103.5cm

拍卖时间：1998 年 12 月 13 日

估价：US$ 110,000～160,000

（背面）

西洋餐厅茶室家具陈设图

胡桃木雕花折叠椅

年代：不详

尺寸：高98cm 宽42cm

拍卖时间：2003年9月16日

估价：EUR 800~1,000

（胡桃木雕刻而成。珠光和乌木色衬托点缀，三角楣处由签名形式的书法图案点缀）

（局部）

桃花心木双人靠背椅

年代：英国乔治二世时期

尺寸：高106cm 长146.5cm 宽49.6cm

拍卖时间：2000年5月30日~6月2日

估价：GBP 16,000~18,000

路易十五时期风格凳（1 对）
年代：法国路易十五时期
尺寸：高 48cm
拍卖时间：1998 年 12 月 13 日
成交价：US$ 3,645

红木三弯腿凳（1 对）
年代：19 世纪
尺寸：不详
拍卖时间：2004 年 4 月 5 日
估价：EUR 1,200～1,300

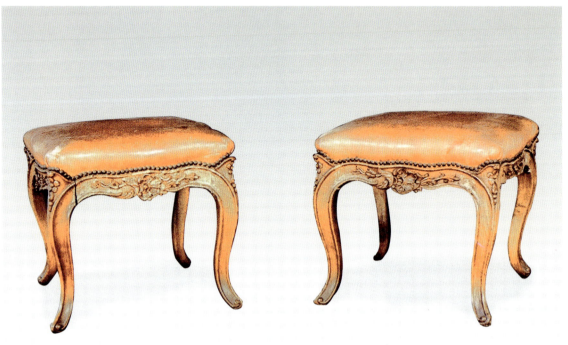

桃花心木靠背椅（1组10把，之1把）

年代：英国乔治三世时期

尺寸：不详

拍卖时间：1986～1987年

成交价：GBP 132,000

桃花心木靠背椅（1对）
年代：英国乔治三世时期
尺寸：不详
拍卖时间：2003年2月4日
估价：GBP 1,200～1,800

桃花心木角落椅
年代：英国乔治三世时期
尺寸：不详
拍卖时间：2003年2月4日
估价：GBP 1,500～2,500

西洋餐厅家具陈设图

西
洋

古典家具价值汇典

门厅椅（1对）
年代：约1810年
尺寸：高82cm　长44.5cm　宽51.5cm
拍卖时间：2000年5月30日～6月2日
估价：GBP 600～800

桃花心木餐厅椅（1对）
年代：英国乔治三世时期
尺寸：不详
拍卖时间：2003年2月4日
估价：GBP 2,000～3,000

桃花心木餐厅椅（1组11把，之2把）
年代：法国摄政时期
尺寸：不详
拍卖时间：2004年6月24日
估价：GBP 2,000～3,000

桃花心木雕花扶手椅（1组4把，之2把）
年代：19世纪
尺寸：不详
拍卖时间：2004年6月24日
估价：GBP 1,000～1,500

橡木靠背椅（2 把）
年代：1800 年
尺寸：不详
拍卖时间：2004 年 1 月 12 ~ 15 日
估价：EUR 16,000 ~ 18,000

橡木餐厅靠背椅（1 对）
年代：19 世纪
尺寸：不详
拍卖时间：2004 年 4 月 5 日
估价：EUR 3,000 ~ 4,500

桃木藤面扶手椅（1对）
年代：19世纪早期
尺寸：不详
拍卖时间：2004年4月5日
估价：EUR 3,000～4,000

扶手椅（1对）
年代：法国路易十五时期
尺寸：高90cm
拍卖时间：1998年12月13日
成交价：US$ 6,479

软垫扶手椅（1对）
年代：法国路易十五时期
尺寸：高 92cm
拍卖时间：1998 年 12 月 13 日
成交价：US\$ 32,395

软垫靠背椅（1对）
年代：法国路易十五时期
尺寸：高 93cm
拍卖时间：1998 年 12 月 13 日
估价：US\$ 18,000～26,000

扶手椅（1对）
年代：法国路易十五时期
尺寸：高93cm
拍卖时间：1998年12月13日
估价：US$ 25,000~35,000

扶手椅（1对）
年代：法国路易十五时期
尺寸：高97cm
拍卖时间：1998年12月13日
成交价：US$ 20,247

扶手椅（1对）
年代：法国路易十五时期
尺寸：高 102cm
拍卖时间：1998 年 12 月 13 日
成交价：US$ 20,247

桃花心木客厅椅（1对）
年代：17 世纪晚期
尺寸：不详
拍卖时间：2004 年 4 月 5 日
估价：EUR 30,000～40,000

橡木雕花靠背椅（1对）
年代：18 世纪晚期
尺寸：不详
拍卖时间：2004 年 4 月 5 日
估价：EUR 6,000~8,000

扶手椅（1对）
年代：法国摄政时期
尺寸：高 109.5cm
拍卖时间：1998 年 12 月 13 日
成交价：US\$ 30,370

桃木三弯腿书房扶手椅（1对）
年代：19 世纪早期
尺寸：不详
拍卖时间：2004 年 4 月 5 日
估价：EUR 3,000~3,500

橡木三弯腿扶手椅（1对）
年代：19 世纪早期
尺寸：不详
拍卖时间：2004 年 4 月 5 日
估价：EUR 2,800~3,500

橡木书房扶手椅（1对）
年代：19世纪早期
尺寸：高92cm　长53cm　宽43cm
拍卖时间：2002年12月2日
估价：EUR 5,000～6,000

山毛榉木卷桥扶手椅（1组8把，之2把）
年代：19世纪
尺寸：不详
拍卖时间：2003年9月16日
估价：GBP 2,000～3,000

胡桃木书房扶手椅（1 对）
年代：19 世纪中期
尺寸：不详
拍卖时间：2004 年 4 月 5 日
估价：EUR 2,500～3,000

胡桃木书房扶手椅（1 对）
年代：19 世纪晚期
尺寸：不详
拍卖时间：2004 年 4 月 5 日
估价：EUR 2,000～2,500

胡桃木扶手椅（1对）
年代：约1825年
尺寸：高75cm　长65cm
拍卖时间：2000年5月30日~6月2日
估价：GBP 5,500~7,000

安乐椅（1对）
年代：法国路易十五时期
尺寸：高94cm
拍卖时间：1998年12月13日
成交价：US$ 12,148

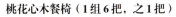
桃花心木餐椅（1组6把，之1把）
年代：法国摄政时期
尺寸：不详
拍卖时间：1999 年 7 月 7 日
成交价：GBP 1,265

桃花心木扶手椅
年代：19 世纪早期
尺寸：不详
拍卖时间：1999 年 7 月 7 日
成交价：GBP 1,725

桃花心木餐椅
年代：法国摄政时期
尺寸：不详
拍卖时间：2004 年 6 月 24 日
估价：GBP 2,000~3,000

西洋古典家具客厅陈设

桃花心木餐厅椅（1对）
年代：英国乔治三世时期
尺寸：高141cm
拍卖时间：2003年2月4日
估价：GBP 1,200~1,800

桃花心木餐椅
年代：英国乔治二世时期
尺寸：不详
拍卖时间：2003年2月4日
估价：GBP 800~1,200

桃花心木扶手椅
年代：英国乔治二世时期
尺寸：不详
拍卖时间：2003年2月4日
估价：GBP 2,500~3,500

椅子

安乐椅
年代：法国路易十六时期
尺寸：高99cm
拍卖时间：1998年12月13日
估价：US$ 3,500~5,300

扶手椅
年代：法国路易十六时期
尺寸：高97cm
拍卖时间：1998年12月13日
成交价：US$ 1,822

西洋卧室家具陈设图

安乐椅
年代：法国路易十五时期
尺寸：高102cm
拍卖时间：1998年12月13日
成交价：US$ 32,395

镀金扶手椅
年代：法国摄政时期
尺寸：高85cm　长82cm　宽52cm
拍卖时间：1999年7月7日
成交价：GBP 2,185

紫檀木扶手椅
年代：英国维多利亚女王时期
尺寸：高84.5cm　长53cm　宽57cm
拍卖时间：1999年7月7日
成交价：GBP 1,955

壁板椅
年代：17世纪
尺寸：高141cm
拍卖时间：2003年2月4日
估价：GBP 1,500～2,500

西洋卧房家具陈设图

西
洋

古
典
家
具
价
值
汇
典

舟形长靠背椅
年代：法国路易十五时期
尺寸：高 104cm 长 200cm 宽 72cm
拍卖时间：1998 年 12 月 13 日
成交价：US$ 10,124

橡木图书馆扶手椅（1 对）
年代：19 世纪晚期
尺寸：高 85cm 宽 55cm
拍卖时间：2003 年 5 月 30 日
估价：EUR 2,500~3,500

镀金靠背长椅
年代：英国乔治三世时期
尺寸：长 183cm
拍卖时间：1986～1987 年
成交价：US$ 220,000

西洋客厅家具陈设图

扶手椅
年代：法兰西第一帝国时期
尺寸：高 102cm
拍卖时间：1998 年 12 月 13 日
成交价：US$ 972

奥托曼帝国长靠背椅
年代：法国路易十五时期
尺寸：长 190cm
拍卖时间：1998 年 12 月 13 日
成交价：US$ 5,669

镀金靠背长椅
年代：法国摄政时期
尺寸：长 203cm
拍卖时间：1986～1987 年
成交价：US$ 74,250

桃花心木双人靠背椅
年代：英国乔治一世时期
尺寸：长141cm
拍卖时间：2003年2月4日
估价：GBP 5,000～8,000

桃花心木雕花双人靠背椅
年代：18世纪
尺寸：不详
拍卖时间：2004年6月24日
估价：GBP 1,000～1,500

安乐躺椅
年代：法国路易十五时期
尺寸：高90cm 长210cm
拍卖时间：1998年12月13日
成交价：US$ 8,099

雕花三弯腿沙发扶手椅（1套）
年代：18世纪
尺寸：高111cm　宽48cm
拍卖时间：2002年12月2日
估价：EUR 16,000~18,000

紫檀雕花客厅扶手靠背椅（1套）
年代：18世纪晚期
尺寸：不详
拍卖时间：2003年5月30日
估价：EUR 18,000~22,000

查理十世风格客厅椅（1套）
年代：不详
尺寸：高100cm
拍卖时间：1998年12月13日
成交价：US$ 16,198

乌木三弯腿长椅
年代：19 世纪早期
尺寸：不详
拍卖时间：2004 年 4 月 5 日
估价：EUR 2,000~2,500

橡木靠背长椅
年代：19 世纪
尺寸：不详
拍卖时间：2004 年 4 月 5 日
估价：EUR 1,500~2,000

西洋茶室家具陈设图

桃花心木靠背长椅
年代：英国乔治三世时期
尺寸：不详
拍卖时间：2004 年 10 月 19 日
估价：GBP 800~1,200

休闲长椅
年代：约 1830 年
尺寸：不详
拍卖时间：2000 年 5 月 30 日~
　　　　6 月 2 日
估价：GBP 1,000~1,500

带靠枕的长靠背椅
年代：法国路易十五时期
尺寸：长 198cm
拍卖时间：1998 年 12 月 13 日
成交价：US$ 3,645

桃花心木沙发椅
年代：英国维多利亚女王时期
尺寸：长 205cm
拍卖时间：2003 年 9 月 2 日
估价：GBP 500～800

胡桃木长椅
年代：20 世纪早期
尺寸：长 152cm 宽 52cm
拍卖时间：2004 年 4 月 5 日
估价：EUR 1,000～1,200

胡桃木雕花靠背长椅
产地：法国
年代：20 世纪早期
尺寸：长 195cm
拍卖时间：2003 年 6 月 10 日
估价：GBP 700～800

花篮风格长靠背椅
年代：法国路易十五时期
尺寸：高 112cm 长 220cm
拍卖时间：1998 年 12 月 13 日
成交价：US$ 7,694

软垫长椅
年代：法国路易十六时期
尺寸：高 75cm 长 150cm
      宽 58cm
拍卖时间：1998 年 12 月 13 日
成交价：US$ 32,395

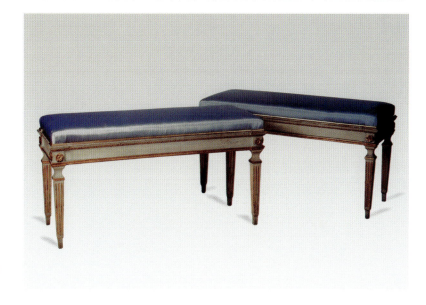

镀金描金双凳
年代：约 1790 年
尺寸：不详
拍卖时间：2000 年 5 月
        30 日~6 月 2 日
估价：GBP 2,500~3,800

彼德麦式绸缎面桦树沙发椅
年代：19 世纪
尺寸：长 161cm
拍卖时间：2003 年 9 月 2 日
估价：GBP 1,500~2,000

红木雕花三人座沙发椅
年代：19 世纪早期
尺寸：不详
拍卖时间：2004 年 4 月 5 日
估价：EUR 2,200~3,000

安乐躺椅
年代：法国路易十五时期
尺寸：高 102cm　长 185cm
拍卖时间：1998 年 12 月 13 日
成交价：US$ 8,099

桃花心木餐椅（1组8把）
年代：英国维多利亚女王时期
尺寸：不详
拍卖时间：2004年10月19日
估价：GBP 1,000~1,500

桃花心木餐椅（1组8把）
年代：英国乔治三世时期
尺寸：不详
拍卖时间：2004年10月19日
估价：GBP 2,000~3,000

桃花心木扶手椅（1组6把）
年代：英国乔治三世时期
尺寸：不详
拍卖时间：2004年10月19日
估价：GBP 500~700

椅子（1组6把）
年代：约1790年
尺寸：高97cm　宽47cm
拍卖时间：2000年5月30日~6月2日
估价：GBP　3,000~4,500

桃花心木餐椅（1组8把）
年代：约1800~1810年
尺寸：座长96cm　宽50.8cm
　　　扶手高96cm　宽53cm
拍卖时间：2000年5月30日~6月2日
估价：GBP　10,000~18,000

西洋餐厅家具陈设图

桃花心木镶花椅（1套）
年代：不详
尺寸：不详
拍卖时间：2004 年 10 月 19 日
估价：GBP 800~1,200

紫檀椅（1组8把）
年代：18 世纪晚期~19 世纪早期
尺寸：不详
拍卖时间：2003 年 9 月 16 日
估价：GBP 1,500~2,000

胡桃木餐椅（1组5把）
年代：法国安妮皇后时期
尺寸：不详
拍卖时间：2004 年 5 月 11 日
估价：GBP 5,000~8,000

桃木餐桌椅（1组6把）
年代：18世纪早期
尺寸：高 96cm　长 50cm　宽 46cm
拍卖时间：2002年12月2日
估价：EUR 10,000~12,000

桃花心木雕花餐椅（1组12把）
年代：约1760年
尺寸：不详
拍卖时间：2000年5月30日~6月2日
估价：GBP 3,000~4,000

西洋餐厅家具陈设图

3

橱柜

CHUGUI

西洋古典橱柜，按造型可分竖式和卧式两大类。按功能可分为衣柜、书柜、抽屉柜、食品柜、角柜、陈设柜等六种形制。橱柜类家具多为双开门式、两开与三个抽屉相组合。开门多以封闭式为主，可大致分为衣橱、食器橱、矮橱等三种。

西洋古典橱柜中较突出的是法国文艺复兴时期巴黎制作的碗橱，在造型上多采用传统双门结构，在装饰手法上以新颖的线条、简洁的贴附柱式分割在橱面上，橱的顶端有檐板，有装饰和花草纹。橱门上多以浅浮雕的纹饰表现人物故事和神话故事。特别是后期制作的胡桃木碗橱，多以大理石装饰及石膏浮雕贴金为主要技法，使其显示出豪华高贵。

而同时期德国查理五世专用橱柜，在橱柜的正面和台座上分别装饰有圆柱和人物，橱柜上下雕有黄杨木装饰纹饰，还有贵重的象牙、理石、镀金镶嵌、铜饰浮雕、漆绘及玻璃银镶等各种工艺技法，表现出华贵细工的特点。

法国路易十四时期，是欧洲的"豪华型家具"流行的时期。优秀的家具大师安德烈·夏路·布尔（1642～1732年）喜欢将金属片和龟甲重叠在一起，雕刻成图案，镶嵌在橱柜家具表面上，这种技法被称为"布尔镶嵌法"。巴黎卢浮宫就收藏一件"布尔镶嵌法"衣柜。布尔镶嵌技法对当时的法国家具工艺产生了深远的影响，甚至传到邻国。

德国巴洛克式家具（17世纪末～18世纪初），是在德国南部家具的基础上形成，特点是喜欢曲线造型，在工艺上以实木、贴木、模塑工艺为主，著名的法兰克福式碗橱是其主要代表。另一种是北部汉堡式双门、四门大型碗柜，以建筑的半附柱式、柱头、饰带、山形墙、莨苕叶、花草雕刻为装饰，此种橱柜在当时也广为流行。

英国巴洛克式橱柜，流行于威廉三世和安妮皇后后期，以"彩石式"和"海草式"镶嵌细工为主，装饰繁缛。

法国罗可可式橱柜有两种风格，早期是"摄政时期风格"，代表作是现藏于慕尼黑美术馆的"五衣柜"，用三弯腿的造型，装饰花叶纹饰，带镶嵌等装饰。后期是"路易十五时期风格"，代表作是带有东方风格的衣橱。罗可可式家具受到中国的漆器家具影响，如五屉柜、三角柜，表面都是黑色漆打底，再涂饰镀金浮雕，装饰效果华丽。18世纪的英国、德国、西班牙橱柜家具，受法国家具的影响较大，在整体上反映出时代风格，在某些局部上反映了本民族的特点。

下面介绍几种西洋家具中橱柜的拍卖行情：

苏富比伦敦拍卖公司：

1986～1987年，拍卖一件英国18世纪杰出的家具大师托马斯·奇彭代尔1765年设计制作的桃花心木高脚橱，高239厘米，以41.8万美元成交。

英国博汉斯拍卖公司：

2000年5月30日拍卖一件乔治三世（1760～1820年）胡桃木书架，高251厘米，估价1.5～1.8万英镑；2002年12月2日拍卖一件17世纪桃木半圆两屉食品橱，高93厘米，估价3.5～4.5万欧元；2004年1月12～15日拍卖一件1750年黄杨木嵌桃木落地大衣柜，高263厘米，以10万欧元成交。

红木三弯腿食物橱
年代：17 世纪晚期
尺寸：高 85cm　长 54cm　宽 34cm
拍卖时间：2004 年 4 月 5 日
估价：EUR　8,000～9,000

桃花心木镶铜边食物橱
年代：18 世纪早期
尺寸：高 73cm　长 48cm　宽 37cm
拍卖时间：2004 年 4 月 5 日
估价：EUR　7,000～9,000

桃花心木食物橱
年代：英国乔治四世时期
尺寸：高 80cm　长 33cm　宽 38cm
拍卖时间：2003 年 2 月 4 日
估价：GBP　800～1,200

桃花心木食物橱
年代：19 世纪早期
尺寸：高 80cm　长 40cm　宽 36cm
拍卖时间：2003 年 2 月 4 日
估价：GBP　800～1,200

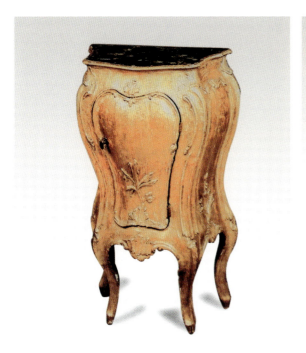

大理石面小橱
年代：18 世纪中期
尺寸：高 88cm　长 59cm　宽 35cm
拍卖时间：2002 年 12 月 2 日
估价：EUR 15,000～18,000

大漆描金衣柜
年代：18 世纪晚期
尺寸：高 90cm　长 98cm　宽 50cm
拍卖时间：2004 年 4 月 5 日
估价：EUR 5,000～6,000

桃花心木镶边三屉食物橱
年代：18 世纪
尺寸：高 75cm　长 33cm　宽 27cm
拍卖时间：2002 年 12 月 2 日
估价：EUR 4,000～5,000

桃木食物橱
年代：18 世纪
尺寸：高 81cm　长 30cm　宽 27cm
拍卖时间：2002 年 12 月 2 日
估价：EUR 4,000～5,000

多用途文件柜
年代：法国路易十六时期
尺寸：高 124cm　长 65.5cm
　　　宽 38.5cm
拍卖时间：1998 年 12 月 13 日
成交价：US$ 157,130

（局部）

郁金香木及紫杉木文件柜
年代：约1778年
尺寸：高113cm
拍卖时间：1986~1987年
成交价：US$ 2,090,000

八边形桃花心木橱
年代：英国乔治三世时期
尺寸：高86cm
拍卖时间：2003年2月4日
估价：GBP 1,200~1,500

西洋家具陈设图

桃花心木及椴木柜
年代：英国乔治三世时期
尺寸：高143.5cm　长78cm　宽39cm
拍卖时间：1999年7月7日
成交价：GBP 1,437

橱柜

胡桃木腿樱桃木短脚衣橱
年代：法国安妮皇后时期
尺寸：高 76cm　长 81cm　宽 67cm
拍卖时间：2000 年 5 月 30 日～6 月 2 日
估价：GBP 6,000～8,000

雕花短脚衣橱
年代：法国安妮皇后时期
尺寸：不详
拍卖时间：2000 年 5 月 30 日～6 月 2 日
估价：GBP 1,500～2,500

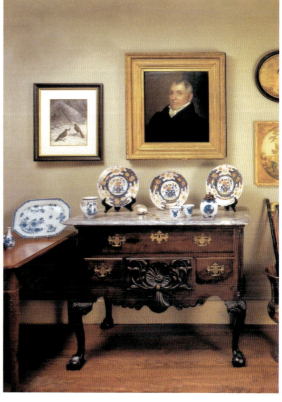

衣柜
年代：不详
尺寸：高 90cm　长 99cm　宽 54cm
拍卖时间：1998 年 12 月 13 日
估价：US$ 27,000～35,000

西洋家具陈设图

西洋
古典家具价值汇典

衣柜
年代：不详
尺寸：高 89cm　长 126cm　宽 63cm
拍卖时间：1998 年 12 月 13 日
成交价：US$ 137,764

衣柜
年代：法国路易十五时期
尺寸：高 84.5cm　长 145cm　宽 65cm
拍卖时间：1998 年 12 月 13 日
估价：US$ 27,000~35,000

衣柜
年代：法国路易十五时期
尺寸：高 87.5cm　长 119cm　宽 59cm
拍卖时间：1998 年 12 月 13 日
成交价：US$ 40,493

（局部）

衣柜

年代：18 世纪早期

尺寸：高 88.5cm　长 127cm　宽 65cm

拍卖时间：1998 年 12 月 13 日

成交价：US$ 234,595

桃花心木镶嵌矮柜

产地：荷兰

年代：19 世纪早期

尺寸：不详

拍卖时间：2004 年 6 月 24 日

估价：GBP　1,000～1,500

衣柜

年代：法国路易十五时期

尺寸：高 83cm　长 130cm

拍卖时间：1998 年 12 月 13 日

成交价：US$ 15,185

桃木蛇纹大理石面三屉衣柜
年代：18 世纪
尺寸：高 90cm　长 126cm　宽 59cm
拍卖时间：2004 年 4 月 5 日
估价：EUR 7,000~10,000

彩绘两屉衣柜
年代：18 世纪中期
尺寸：高 80cm　长 90cm　宽 44cm
拍卖时间：2004 年 4 月 5 日
估价：EUR 10,000~15,000

桃木雕花衣柜
年代：17 世纪
尺寸：高 82cm　长 118cm　宽 63cm
拍卖时间：2004 年 4 月 5 日
估价：EUR 18,000~20,000

衣柜
年代：法国路易十五时期
尺寸：高 89.5cm　长 166.5cm　宽 62cm
拍卖时间：1998 年 12 月 13 日
成交价：US$ 137,764

衣柜
年代：法国路易十五时期
尺寸：高86cm　长151cm
拍卖时间：1998年12月13日
成交价：US$ 166,814

衣柜
年代：法国路易十五时期
尺寸：高86cm　长112cm　宽55cm
拍卖时间：1998年12月13日
成交价：US$ 40,492

衣柜
年代：法国路易十五时期
尺寸：高86cm　长130cm
拍卖时间：1998年12月13日
估价：US$ 21,000～32,000

衣柜

年代：法国路易十五时期

尺寸：高 91.5cm　长 149cm　宽 65cm

拍卖时间：1998 年 12 月 13 日

估价：US$ 620,000～880,000

（侧面）

（展开）

桃木衣柜
年代：法国路易十六时期
尺寸：高 89.5cm　长 133cm　宽 52cm
拍卖时间：1998 年 12 月 13 日
估价：US$ 27,000～32,000

桃花心木衣柜
年代：法国路易十六时期
尺寸：高 89.5cm　长 131cm　宽 56cm
拍卖时间：1998 年 12 月 13 日
估价：US$ 27,000～32,000

红木大理石面半圆柜
年代：18 世纪早期
尺寸：高 96cm　长 132cm　宽 56cm
拍卖时间：2004 年 4 月 5 日
估价：EUR 15,000～20,000

桃木半圆两屉食橱
年代：17 世纪
尺寸：高 93cm　长 115cm　宽 58cm
拍卖时间：2002 年 12 月 2 日
估价：EUR 35,000～45,000

餐具柜

年代：法国路易十六时期

尺寸：高 88.5cm　长 131.5cm　宽 50cm

拍卖时间：1998 年 12 月 13 日

估价：US$ 130,000～180,000

桃花心木弧面餐具柜

年代：法国摄政时期

尺寸：长 107cm　宽 58cm

拍卖时间：2003 年 2 月 4 日

估价：GBP 1,500～2,500

桃木镶嵌三屉衣柜

年代：19 世纪早期

尺寸：高 84cm　长 118cm　宽 57cm

拍卖时间：2004 年 4 月 5 日

估价：EUR 2,000～3,000

桃花心木镶嵌四屉衣柜

年代：19 世纪中期

尺寸：高 99cm　长 132cm　宽 60cm

拍卖时间：2004 年 4 月 5 日

估价：EUR 5,500～6,000

桃花心木及黄杨木餐具柜
年代：英国乔治三世时期
尺寸：高 92cm　长 183cm　宽 76cm
拍卖时间：2003 年 6 月 10 日
估价：GBP 3,000～4,000

桃花心木弧面餐具柜
年代：法国摄政时期
尺寸：高 88cm　长 197cm　宽 76cm
拍卖时间：2002 年 7 月 2 日
估价：GBP 3,000～4,000

樟木雕花条柜
年代：不详
尺寸：高 85cm　长 192cm　宽 82cm
拍卖时间：2004 年 1 月 12～15 日
估价：EUR 15,000～20,000

桃花心木小柜
年代：法国摄政时期
尺寸：高 106cm　长 206cm　宽 54cm
拍卖时间：2003 年 2 月 4 日
估价：GBP 2,500～3,500

桃花心木卧柜
年代：法国摄政时期
尺寸：高 86cm　长 150cm　宽 39cm
拍卖时间：2003 年 9 月 30 日
估价：GBP 300～500

榆木厚板面卧柜
年代：法国摄政时期
尺寸：高 74cm　长 166cm　宽 114cm
拍卖时间：2003 年 9 月 2 日
估价：GBP 100～150

西
洋

古
典
家
具
价
值
汇
典

蛇纹桃花心木小衣柜
年代：约1780年
尺寸：不详
拍卖时间：2000年5月30日~6月2日
估价：GBP 8,000~10,000

边柜
年代：法国路易十六时期
尺寸：高93.5cm 长101cm
拍卖时间：1998年12月13日
估价：US$ 7,000~11,000

谢拉顿式四屉小衣柜
年代：约1825年
尺寸：高137cm 长102cm 宽43cm
拍卖时间：2000年5月30日~6月2日
估价：GBP 1,800~2,200

桃花心木四屉弧面小衣柜
年代：约1815年
尺寸：高96cm 长104cm 宽53cm
拍卖时间：2000年5月30日~6月2日
估价：GBP 3,500~5,000

桃花心木大理石面三屉小衣柜
年代：17 世纪
尺寸：高 93cm　长 133cm　宽 61cm
拍卖时间：2002 年 12 月 2 日
估价：EUR　35,000～40,000

桃花心木镶嵌大理石面小衣柜
年代：17 世纪
尺寸：高 84cm　长 143cm　宽 72cm
拍卖时间：2003 年 5 月 30 日
估价：EUR　16,000～19,000

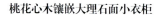

桃花心木小衣柜
年代：英国乔治二世时期
尺寸：高 75.5cm　长 80.5cm　宽 46.5cm
拍卖时间：1999 年 7 月 7 日
成交价：GBP 25,300

桃花心木镶边三屉小衣柜
年代：17 世纪晚期
尺寸：高 95cm　长 126cm　宽 63cm
拍卖时间：2002 年 12 月 2 日
估价：EUR　10,000～12,000

橱
柜

桃花心木大理石桌面镶嵌小橱柜
年代：18 世纪
尺寸：高 94cm 长 130cm 宽 60cm
拍卖时间：2002 年 12 月 2 日
估价：EUR 18,000～22,000

桃花心木小衣柜
年代：18 世纪
尺寸：高 98cm 长 140cm 宽 60cm
拍卖时间：2002 年 12 月 2 日
估价：EUR 14,000～18,000

桃木二屉食物柜
年代：18 世纪早期
尺寸：高 86cm 长 70cm 宽 43cm
拍卖时间：2004 年 4 月 5 日
估价：EUR 8,000～10,000

樟木三屉食物橱
年代：1790 年
尺寸：高 93cm 长 76cm 宽 45cm
拍卖时间：2004 年 1 月 12～15 日
估价：EUR 10,000～15,000

桃花心木三屉柜
年代：英国乔治三世时期
尺寸：高 85cm　长 108cm　宽 52cm
拍卖时间：2003 年 9 月 2 日
估价：GBP 1,800～2,400

胡桃木镶嵌衣柜
年代：19 世纪早期
尺寸：高 60cm　长 125cm　宽 55cm
拍卖时间：2004 年 4 月 5 日
估价：EUR 3,000～4,000

红木大理石面食物橱
年代：19 世纪早期
尺寸：高 88cm　长 120cm　宽 54cm
拍卖时间：2004 年 4 月 5 日
估价：EUR 7,000～8,000

桃花心木小柜
年代：19 世纪晚期
尺寸：高 107cm　长 132cm　宽 49cm
拍卖时间：2004 年 4 月 5 日
估价：EUR 2,000～2,200

托马斯·奇彭代尔设计制作的桃花心木柜
产地：英国
年代：18 世纪
尺寸：高 91.7cm
拍卖时间：1986～1987 年
成交价：US$ 660,000

紫檀小衣柜
年代：18 世纪晚期
尺寸：高 105cm　宽 126cm
拍卖时间：2003 年 9 月 16 日
估价：GBP 2,500～3,500

桃花心木四屉柜
年代：英国乔治三世时期
尺寸：高 92cm　长 108cm　宽 55cm
拍卖时间：2003 年 2 月 4 日
估价：GBP 8,000～12,000

角柜（1对）
年代：法国路易十五时期
尺寸：高100cm 长98cm 宽63cm
拍卖时间：1998年12月13日
成交价：US$ 20,247

角柜（1对）
年代：法国路易十五时期
尺寸：高91.5cm 长70cm
拍卖时间：1998年12月13日
成交价：US$ 36,444

桃花心木食物橱（1 对）
年代：19 世纪
尺寸：高 82cm　长 88cm　宽 48cm
拍卖时间：2004 年 1 月 12～15 日
成交价：EUR 25,000

胡桃木雕花陈列柜（1 对）
年代：19 世纪
尺寸：高 86.5cm　长 43cm　宽 30cm
拍卖时间：2004 年 4 月 5 日
估价：EUR　3,000～4,000

胡桃木镀金柜

年代：英国维多利亚女王时期

尺寸：高107cm　长138cm　宽39cm

拍卖时间：2003年9月2日

估价：GBP 800～1,200

胡桃木镶嵌展示柜

年代：英国维多利亚女王时期

尺寸：高138cm

拍卖时间：2003年6月12日

估价：GBP 1,200～1,500

桃花心木多用柜

年代：英国维多利业女王时期

尺寸：高133cm　长124cm　宽58cm

拍卖时间：2003年9月2日

估价：GBP 250～400

胡桃木镀金花纹小柜（1对）

年代：英国维多利亚女王时期

尺寸：高104cm　长87cm　宽33.5cm

拍卖时间：2003年9月2日

估价：GBP 800～1,200

桃花心木矮书柜

年代：法国摄政时期

尺寸：长 145cm

拍卖时间：2004 年 6 月 24 日

估价：GBP 4,000～6,000

紫檀柜

年代：法国摄政时期

尺寸：高 95cm 长 132cm 宽 43cm

拍卖时间：2004 年 5 月 11 日

估价：GBP 3,000～5,000

桃花心木梳妆柜

年代：英国威廉四世时期

尺寸：高 72cm 长 133cm 宽 93cm

拍卖时间：2003 年 9 月 2 日

估价：GBP 700～900

镀金黄铜镶嵌柜

年代：19 世纪

尺寸：高 120cm 长 81cm 宽 38cm

拍卖时间：2004 年 10 月 19 日

估价：GBP 1,200～1,800

胡桃木面四屉柜
年代：英国威廉和玛丽时期
尺寸：高 80cm　长 108cm　宽 50cm
拍卖时间：2002 年 7 月 2 日
估价：GBP 2,000～3,000

胡桃木小柜
年代：威廉四世时期
尺寸：高 102cm　长 158cm　宽 41cm
拍卖时间：2003 年 9 月 30 日
估价：GBP 900～1,200

黑漆涂金小柜
年代：不详
尺寸：长 150cm
拍卖时间：1986～1987 年
成交价：GBP 110,000

桃花心木大衣橱
年代：19 世纪早期
尺寸：高 249cm　长 216cm　宽 81cm
拍卖时间：2002 年 7 月 2 日
估价：GBP 1,800~2,500

胡桃木及黄杨木展览柜
年代：19 世纪中期
尺寸：高 143cm　长 108cm　宽 35cm
拍卖时间：2004 年 5 月 11 日
估价：GBP 1,000~1,500

桃木镶嵌书柜
年代：19 世纪
尺寸：高 160cm　长 102cm　宽 42cm
拍卖时间：2004 年 4 月 5 日
估价：EUR 1,100~1,200

桃花心木图书馆书柜
年代：19 世纪
尺寸：高 305cm　长 325cm　宽 53cm
拍卖时间：2004 年 1 月 12~15 日
估价：EUR 10,000~15,000

桃花心木巴洛克式柜
年代：法国摄政时期
尺寸：高158cm　长110cm　宽49cm
拍卖时间：2002年7月2日
估价：GBP 2,000～3,000

埃米尔设计的铜饰果木镶嵌自助餐橱
年代：约1900年
尺寸：高191.5cm
拍卖时间：1986～1987年
成交价：FF 466,200

紫檀餐具柜
年代：英国乔治四世时期
尺寸：高316.5cm　长275.5cm　宽74cm
拍卖时间：2003年9月16日
估价：GBP 5,000～8,000

西洋客厅家具陈设图

桃木带镶嵌雕刻条柜
年代：17 世纪中期
尺寸：高 65cm　长 117cm　宽 36cm
拍卖时间：2002 年 12 月 2 日
估价：EUR　7,000～8,000

红木镶边大理石面边柜
年代：17 世纪晚期
尺寸：高 105cm　长 174cm　宽 50cm
拍卖时间：2004 年 4 月 5 日
估价：EUR　16,000～18,000

桃花心木镶嵌边柜
年代：17 世纪晚期
尺寸：高 149cm　长 115cm　宽 47cm
拍卖时间：2003 年 5 月 30 日
估价：EUR　16,000～18,000

云纹桃木三屉衣柜
年代：18 世纪早期
尺寸：高 104.5cm　长 100cm　宽 56cm
拍卖时间：2003 年 5 月 30 日
估价：EUR　10,000～12,000

胡桃木雕花镀金衣柜
年代：18 世纪晚期
尺寸：高 81cm 长 105cm 宽 60cm
拍卖时间：2003 年 2 月 4 日
估价：GBP 3,000～5,000

新泽西州衣柜
年代：约 1830 年
尺寸：高 145cm 长 185cm 宽 55cm
拍卖时间：2000 年 5 月 30 日～6 月 2 日
估价：GBP 800～1,000

桃花心木食橱
年代：19 世纪
尺寸：高 167.5cm 长 136cm 宽 40cm
拍卖时间：1999 年 7 月 7 日
估价：GBP 800～1,200

橡木彩绘边柜
年代：19 世纪早期
尺寸：高 165cm 长 210cm 宽 65cm
拍卖时间：2003 年 5 月 30 日
估价：EUR 4,500～5,500

衣柜
年代：法国路易十六时期
尺寸：高 102cm　长 128cm　宽 65cm
拍卖时间：1998 年 12 月 13 日
成交价：US$ 44,542

胡桃木抽屉小柜
年代：18 世纪早期
尺寸：长 125cm
拍卖时间：2004 年 6 月 24 日
估价：GBP 2,000～3,000

胡桃木十字架组合抽屉小柜
年代：18 世纪
尺寸：长 97cm
拍卖时间：2004 年 6 月 24 日
估价：GBP 1,500～2,000

桃花心木矮橱
年代：18 世纪中期
尺寸：高 104cm　长 163cm　宽 55cm
拍卖时间：2002 年 12 月 2 日
估价：EUR 20,000～25,000

胡桃木五屉柜
年代：英国乔治一世时期
尺寸：高 83cm　长 75cm　宽 45cm
拍卖时间：2000 年 5 月 30 日～6 月 2 日
估价：GBP 2,500～4,000

桃花心木衣柜
年代：英国乔治三世时期
尺寸：高 92.5cm
拍卖时间：2003 年 6 月 12 日
估价：GBP 2,000～3,000

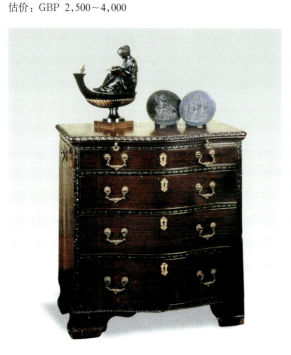

桃花心木蛇纹石面柜
年代：19 世纪
尺寸：高 80cm　长 75.5cm　宽 52.5cm
拍卖时间：1999 年 7 月 7 日
成交价：GBP 7,820

桃木高角衣柜
年代：不详
尺寸：高 215cm　长 175cm　宽 55cm
拍卖时间：2004 年 1 月 12～15 日
估价：EUR 4,000～6,000

桃花心木蛇纹石面四屉柜

年代：英国乔治三世时期

尺寸：高 88cm　长 93cm　宽 63cm

拍卖时间：2004 年 5 月 11 日

估价：GBP 2,500～3,500

桃花心木螺纹面橱柜

年代：英国乔治三世时期

尺寸：高 107cm　长 162cm　宽 54cm

拍卖时间：2003 年 9 月 30 日

估价：GBP 700～900

桃花心木五屉柜

年代：英国乔治四世时期

尺寸：高 55cm　长 98cm

拍卖时间：2003 年 2 月 4 日

估价：GBP 1,800～2,500

乌木四屉柜

年代：不详

尺寸：高 96cm　长 118cm　宽 61cm

拍卖时间：2004 年 1 月 12～15 日

估价：EUR 6,000～8,000

胡桃木雕花大衣柜
年代：1700 年
尺寸：高 208cm　长 220cm　宽 81cm
拍卖时间：2004 年 1 月 12～15 日
估价：EUR 8,000～12,000

胡桃木图书馆书柜
年代：17 世纪晚期
尺寸：高 327cm　长 385cm　宽 65cm
拍卖时间：2004 年 4 月 5 日
估价：EUR 15,000～20,000

黄杨木嵌桃木大衣柜
年代：1750 年
尺寸：高 263cm　长 235cm　宽 78cm
拍卖时间：2004 年 1 月 12～15 日
成交价：EUR 100,000

桃花心木素面大衣柜
年代：18 世纪
尺寸：高 256cm　长 209cm　宽 72cm
拍卖时间：2004 年 1 月 12～15 日
成交价：EUR 20,000

胡桃木雕花大衣柜
年代：18 世纪
尺寸：高 214cm　长 230cm　宽 88cm
拍卖时间：2004 年 1 月 12～15 日
估价：EUR 20,000～30,000

橡木餐具橱
年代：不详
尺寸：高 197cm　长 164cm　宽 54cm
拍卖时间：2004 年 10 月 19 日
估价：GBP 2,000～3,000

西洋闺房家具陈设图

黄杨木大衣柜
年代：不详
尺寸：高 243cm　长 218cm　宽 84cm
拍卖时间：2004 年 1 月 12～15 日
估价：EUR 15,000～25,000

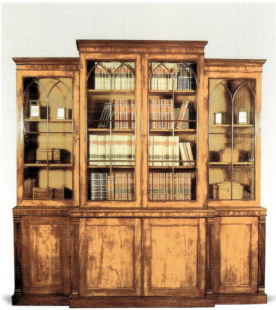

桃花心木图书馆书柜
年代：英国乔治四世时期
尺寸：长 488cm
拍卖时间：1986～1987 年
成交价：GBP 82,500

桃花心木图书馆书柜
年代：英国乔治四世时期
尺寸：高 246.5cm　长 252cm　宽 53.5cm
拍卖时间：2003 年 9 月 16 日
估价：GBP 8,000～12,000

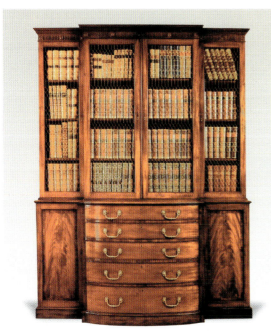

胡桃木书柜
年代：英国乔治时期
尺寸：高 194cm　长 153cm　宽 54cm
拍卖时间：2000 年 5 月 30 日～6 月 2 日
估价：GBP 2,500～4,000

胡桃木书柜
年代：英国乔治三世时期
尺寸：高 252cm　长 208cm　宽 46cm
拍卖时间：2000 年 5 月 30 日～6 月 2 日
估价：GBP 15,000～18,000

桃花心木书柜
年代：英国威廉四世时期
尺寸：高167cm　长191cm　宽49.5cm
拍卖时间：1999年7月7日
成交价：GBP 5,750

高架书柜
年代：约1770年
尺寸：高240cm　长240cm　宽58.5cm
拍卖时间：2000年5月30日~6月2日
估价：GBP 11,000~15,000

桃花心木写字台书柜
年代：法国摄政时期晚期
尺寸：高266cm　长219cm　宽43cm
拍卖时间：2004年10月19日
估价：GBP 1,200~1,800

橡木四开门衣柜
年代：19世纪
尺寸：不详
拍卖时间：2003年5月30日
估价：EUR 4,000~5,000

胡桃木椴木亚麻布杂志报纸柜
年代：英国乔治三世时期
尺寸：高208cm　长128cm　宽54cm
拍卖时间：2004年10月19日
估价：GBP 1,000～1,500

桃花心木高柜
年代：英国乔治三世时期
尺寸：高192cm　长112cm　宽56cm
拍卖时间：2004年10月19日
估价：GBP 2,000～3,000

桃花心木高柜
年代：英国乔治三世时期
尺寸：高209cm　长128cm　宽59cm
拍卖时间：2004年10月19日
估价：GBP 1,200～1,800

桃花心木亚麻布镶嵌纹饰书报柜
年代：英国乔治三世时期
尺寸：高197cm　长124cm　宽61cm
拍卖时间：2003年9月30日
估价：GBP 1,000～1,500

桃花心木书报柜
年代：英国乔治三世时期
尺寸：高196cm　长129cm　宽64cm
拍卖时间：2003年2月4日
估价：GBP 2,000~3,000

紫檀镀金餐具柜
年代：不详
尺寸：高190cm　长104cm　宽46cm
拍卖时间：2004年10月19日
估价：GBP 800~1,200

桃花心木三屉衣柜
年代：不详
尺寸：高174cm　长123cm　宽52cm
拍卖时间：2004年1月12~15日
成交价：EUR 12,000

樟木雕花壁炉式柜
年代：不详
尺寸：高168cm　长133cm　宽51cm
拍卖时间：2004年1月12~15日
估价：EUR 12,000~15,000

胡桃木多抽屉高柜
年代：英国乔治一世时期
尺寸：长111cm
拍卖时间：2004年6月24日
估价：GBP 3,000～5,000

胡桃木多抽屉高柜
年代：英国乔治一世时期
尺寸：长119cm
拍卖时间：2004年6月24日
估价：GBP 3,000～5,000

七屉柜
年代：不详
尺寸：高145cm　长83.5cm
拍卖时间：1998年12月13日
成交价：US$ 7,694

红木镶嵌衣柜
年代：不详
尺寸：高190cm　长162cm　宽70cm
拍卖时间：2004年1月12～15日
成交价：EUR 3,000

多用途文件柜
年代：法国路易十六时期
尺寸：高 141cm　长 98cm　宽 42cm
拍卖时间：1998 年 12 月 13 日
估价：US\$ 79,000～110,000

（展开）

桌柜
年代：法国路易十五时期
尺寸：高 75.5cm
拍卖时间：1998 年 12 月 13 日
成交价：US\$ 34,419

多用途文件柜
年代：英国乔治三世时期
尺寸：高 220cm　长 127cm　宽 60cm
拍卖时间：2000 年 5 月 30 日～6 月 2 日
估价：GBP 9,000～12,000

桃花心木写字柜

年代：法国路易十四时期

尺寸：高151cm　长88cm　宽48cm

拍卖时间：2004年10月19日

估价：GBP 600～1,000

胡桃木柜

年代：17世纪

尺寸：高174cm　长122cm　宽53cm

拍卖时间：2004年5月11日

估价：GBP 5,000～7,000

桃花心木多用途文件柜

年代：18世纪

尺寸：高210cm　长121cm　宽56cm

拍卖时间：2004年1月12～15日

估价：EUR 20,000

胡桃木多用途文件柜

年代：19世纪

尺寸：高104cm　长104cm　宽44cm

拍卖时间：2004年1月12～15日

估价：EUR 12,000

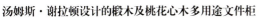

（展开）

汤姆斯·谢拉顿设计的椴木及桃花心木多用途文件柜
年代：英国乔治三世时期
尺寸：高 119cm　长 74cm　宽 45cm
拍卖时间：1999 年 7 月 7 日
成交价：GBP 25,300

衣柜（1 对）
年代：法国路易十六时期
尺寸：高 143cm　长 131cm　宽 37cm
拍卖时间：1998 年 12 月 13 日
成交价：US$ 56,426

胡桃木多用途文件柜
年代：英国乔治二世时期
尺寸：高 210cm　长 122cm　宽 65.5cm
拍卖时间：2000 年 5 月 30 日～6 月 2 日
估价：GBP 18,000～24,000

（展开）

胡桃木多用途文件柜
年代：19 世纪
尺寸：高 226cm　长 113cm　宽 60cm
拍卖时间：2004 年 1 月 12～15 日
估价：EUR 20,000

桃花心木多用途文件柜
年代：不详
尺寸：高 219cm　长 121cm　宽 59cm
拍卖时间：2004 年 1 月 12～15 日
估价：EUR 6,000～8,000

桃花心木多用途书柜
年代：19 世纪早期
尺寸：高 245cm　长 122cm　宽 55cm
拍卖时间：2002 年 12 月 2 日
估价：EUR 25,000～30,000

胡桃木多用途抽屉柜
年代：英国乔治二世时期
尺寸：高 190cm　长 107cm　宽 56cm
拍卖时间：2003 年 2 月 4 日
估价：GBP 5,000～8,000

桃花心木多用途书柜
年代：英国乔治三世时期
尺寸：长 112cm
拍卖时间：2003 年 9 月 30 日
估价：GBP 1,200～1,800

胡桃木食物橱
年代：17 世纪晚期～18 世纪早期
尺寸：高 133cm　长 89cm　宽 51cm
拍卖时间：2004 年 1 月 12～15 日
估价：EUR 5,000

橱
柜

西洋

橡木圆脚衣柜
年代：19 世纪
尺寸：高 218cm　长 166cm　宽 74cm
拍卖时间：2004 年 1 月 12～15 日
估价：EUR 6,000～8,000

多用途书柜
年代：英国乔治时期
尺寸：不详
拍卖时间：2000 年 5 月 30 日～6 月 2 日
估价：GBP 12,000～15,000

桃花心木和紫檀木带折叠桌面的餐具柜
年代：法国摄政时期
尺寸：高 133cm　长 93cm　宽 72cm
拍卖时间：2003 年 9 月 2 日
估价：GBP 700～900

多用途文件柜
年代：法国路易十六时期
尺寸：高 135.5cm　长 84cm　宽 38cm
拍卖时间：1998 年 12 月 13 日
成交价：US$ 11,136

桃花心木多屉柜
年代：英国乔治三世时期
尺寸：宽 113.5cm
拍卖时间：2004 年 10 月 19 日
估价：GBP 1,000～1,500

餐具柜
年代：不详
尺寸：高 227cm　长 141cm　宽 60cm
拍卖时间：1998 年 12 月 13 日
成交价：US\$ 5,264

胡桃木书柜
年代：英国维多利亚女王时期
尺寸：高 188cm　长 78cm　宽 28cm
拍卖时间：2004 年 10 月 19 日
估价：GBP 500～600

胡桃木陈列柜
年代：英国维多利亚女王时期
尺寸：高 137cm　长 92cm　宽 44cm
拍卖时间：2003 年 9 月 30 日
估价：GBP 1,500～2,000

胡桃木镶嵌镀金矮柜
年代：英国维多利亚女王时期
尺寸：长 82cm
拍卖时间：2004 年 6 月 24 日
估价：GBP 1,200～1,800

桃花心木写字台书柜
年代：17 世纪中期
尺寸：高 227cm 长 105cm 宽 66cm
拍卖时间：2002 年 12 月 2 日
估价：EUR 50,000～60,000

卧室柜（1 对）
年代：英国维多利亚女王晚期
尺寸：高 235cm 长 114cm 宽 58cm
拍卖时间：2004 年 5 月 11 日
估价：GBP 3,000～4,000

西洋书房家具陈设图

桃花心木雕花大衣柜

年代：18 世纪

尺寸：高 222cm　长 137cm　宽 75cm

拍卖时间：2000 年 5 月 30 日～6 月 2 日

估价：GBP　1,600～2,600

胡桃木雕花镶嵌大衣柜

年代：18 世纪晚期

尺寸：高 263cm　长 163cm　宽 62cm

拍卖时间：2004 年　4 月 5 日

估价：EUR　5,000～6,000

桃木及橡木衣柜

年代：17 世纪

尺寸：高 162cm　长 93cm　宽 47cm

拍卖时间：2002 年 12 月 2 日

估价：EUR　15,000～18,000

杨木漆面彩绘大衣柜

年代：17 世纪早期

尺寸：高 235cm　长 155cm　宽 70cm

拍卖时间：2002 年 12 月 2 日

估价：EUR　15,000～18,000

圆帽顶书柜
年代：英国乔治一世时期
尺寸：高 203cm　长 96.5cm　宽 56cm
拍卖时间：2000 年 5 月 30 日～6 月 2 日
估价：GBP 12,000～15,000

紫檀镶嵌大衣柜
年代：18 世纪早期
尺寸：高 210cm　长 105cm　宽 45cm
拍卖时间：2003 年 5 月 30 日
估价：EUR 18,000～20,000

托马斯·奇彭代尔设计制作的桃花心木高脚橱
产地：英国
年代：约 1765 年
尺寸：高 239cm
拍卖时间：1986～1987 年
成交价：US$ 418,000

胡桃木面高脚柜
年代：18 世纪早期
尺寸：高 155cm　长 95cm　宽 58cm
拍卖时间：2003 年 6 月 10 日
估价：GBP 1,500～2,500

英格兰秘书书柜
年代：约1785年
尺寸：高208cm　长101cm　宽44cm
拍卖时间：2000年5月30日～6月2日
估价：GBP 6,000～9,000

桃花心木食物橱
年代：英国乔治三世时期
尺寸：高231cm
拍卖时间：2003年9月16日
估价：GBP 2,000～3,000

桃花心木镶边大衣柜
年代：18世纪
尺寸：高210cm　长110cm　宽40cm
拍卖时间：2002年12月2日
估价：EUR 8,000～12,000

红木镶嵌衣柜
年代：18世纪晚期
尺寸：高136cm　长76cm　宽36cm
拍卖时间：2004年4月5日
估价：EUR 4,500～6,000

橱
柜

桃花心木书柜
年代：英国乔治三世时期
尺寸：高 205cm　长 132cm　宽 57cm
拍卖时间：2003 年 9 月 30 日
估价：GBP 500～700

桃花心木高柜
年代：英国乔治三世时期
尺寸：高 171cm　长 120cm　宽 57cm
拍卖时间：2003 年 9 月 2 日
估价：GBP 700～1,000

胡桃木多抽屉柜
年代：法国摄政时期
尺寸：高 167cm　长 105cm　宽 58cm
拍卖时间：1999 年 7 月 7 日
成交价：GBP 8,625

胡桃木黄杨木黑檀木书柜
年代：英国威廉和玛丽时期
尺寸：长 105cm
拍卖时间：2004 年 6 月 24 日
估价：GBP 3,000～5,000

紫檀书柜
年代：英国维多利亚女王早期
尺寸：高114cm　长50cm　宽41cm
拍卖时间：2003年9月30日
估价：GBP 500~800

桃花心木书柜
年代：英国维多利亚女王晚期
尺寸：高196cm　长92cm　宽31cm
拍卖时间：2004年10月19日
估价：GBP 300~500

桃花心木写字台书柜
年代：英国维多利亚女王早期
尺寸：不详
拍卖时间：2003年9月30日
估价：GBP 1,500~2,000

胡桃木及西阿拉黄檀木角柜
产地：法国
年代：18世纪晚期~19世纪早期
尺寸：高211cm　宽67cm
拍卖时间：2003年9月16日
估价：GBP 1,000~1,500

桃花心木梳妆衣柜
年代：17世纪中期
尺寸：高122cm　长82cm　宽28cm
拍卖时间：2004年4月5日
估价：EUR 18,000~20,000

七屉柜
年代：法国路易十五时期
尺寸：高145.5cm　长61cm
拍卖时间：1998年12月13日
成交价：US$ 9,719

雕花橡木书柜
年代：不详
尺寸：高 102cm
拍卖时间：2003 年 9 月 30 日
估价：GBP 200～250

桃花心木展览柜
产地：法国
年代：不详
尺寸：高 155cm　长 63.5cm　宽 31.5cm
拍卖时间：1999 年 7 月 7 日
成交价：GBP 3,680

胡桃木橡木高柜
年代：不详
尺寸：高 191cm　长 94cm　宽 52cm
拍卖时间：2004 年 10 月 19 日
估价：GBP 500～800

桃花心木柜
年代：英国乔治二世时期
尺寸：高 184cm　宽 120cm
拍卖时间：2004 年 6 月 24 日
估价：GBP 1,800～2,500

胡桃木梳妆台
年代：英国乔治一世时期
尺寸：高 201cm　宽 75cm
拍卖时间：2004 年 6 月 24 日
估价：GBP 12,000～18,000

（局部）

餐具橱
年代：约 1830 年
尺寸：高 224cm　长 107cm　宽 63.5cm
拍卖时间：2000 年 5 月 30 日～6 月 2 日
估价：GBP 1,000～1,200

桃花心木餐具柜
年代：19 世纪晚期
尺寸：高 214cm　长 107cm　宽 47cm
拍卖时间：2003 年 9 月 30 日
估价：GBP 600～800

文件柜
年代：约 1785 年
尺寸：高 208cm　长 81cm　宽 53cm
拍卖时间：2000 年 5 月 30 日～6 月 2 日
估价：GBP 1,000～1,800

黄檀木和镀金抽屉柜
年代：法国路易十五时期
尺寸：宽 69cm
拍卖时间：2003 年 9 月 16 日
估价：GBP 1,000～1,500

桃花心木抽屉柜
年代：约 1780 年
尺寸：不详
拍卖时间：2000 年 5 月 30 日～6 月 2 日
估价：GBP 6,000～9,000

弧面三角餐具橱
年代：英国乔治三世时期
尺寸：高 92cm　长 59cm　宽 41cm
拍卖时间：2003 年 9 月 2 日
估价：GBP 400～600

桃花心木写字台书柜
年代：法国摄政时期
尺寸：长 118cm
拍卖时间：2003 年 9 月 30 日
估价：GBP 1,000～1,500

桃花心木书柜
年代：法国摄政时期
尺寸：高 211cm　长 107cm　宽 52cm
拍卖时间：2003 年 9 月 30 日
估价：GBP 800～1,200

胡桃木多用途文件柜
年代：英国乔治一世时期
尺寸：高 254cm　长 101cm　宽 57cm
拍卖时间：2000 年 5 月 30 日～6 月 2 日
估价：GBP 3,000～3,500

圆帽式书柜
年代：英国乔治一世时期
尺寸：高 203cm　长 96.5cm　宽 56cm
拍卖时间：2000 年 5 月 30 日～6 月 2 日
估价：GBP 12,000～15,000

胡桃木多用途书柜
年代：约 1750 年
尺寸：高 227cm　长 107cm　宽 56cm
拍卖时间：2000 年 5 月 30 日～6 月 2 日
估价：GBP 5,500～7,000

桃花心木写字台书柜
年代：英国乔治三世时期
尺寸：高 243.5cm　长 122.5cm　宽 60cm
拍卖时间：2003 年 9 月 16 日
估价：GBP 4,000～6,000

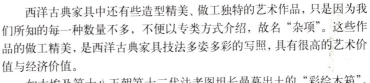

4 杂项
ZAXIANG

西洋古典家具中还有些造型精美、做工独特的艺术作品，只是因为我们所知的每一种数量不多，不便以专类方式介绍，故名"杂项"。这些作品的做工精美，是西洋古典家具技法多姿多彩的写照，具有很高的艺术价值与经济价值。

如古埃及第十八王朝第十二代法老图坦长曼墓出土的"彩绘木箱"，造型精巧，表面上漆，绘红、黑、金三色纹饰，木箱侧面绘人物战争场面，半圆的箱盖上画有狩猎的纹样，整个箱子所绘人物、马匹生动传神，拼图比例得体合理、色彩华美，表现出古埃及制作家具的先进技法。

12～15世纪流行的哥特式珍宝箱，以凳子为基本形，有的在上面加装靠背和扶手。

文艺复兴时期意大利佛罗伦萨家具中有一种被称为"万能家具"的低背长方形箱，既可作长椅，又可盛衣物杂件。

18世纪意大利受法国罗可可式家具的影响，制作出以彩绘石膏浮雕、贴金等装饰工艺家具，代表作品是镜架、桌面等。

下面介绍几种上述西洋家具的拍卖行情：

苏富比伦敦拍卖公司于1986～1987年拍卖一件1700～1720年黑檀首饰盒，长52.7厘米，以18.7万美元成交；英国博汉斯拍卖公司1998年12月13日拍卖一件"路易十五时期"首饰箱，高99厘米，估价5.8～7万美元，最后以3.77万美元成交；1998年12月13日拍卖一件查理二世（1824～1830年）供销花盒架，高97厘米，估价1.4～2.1万美元，最后以2.22万美元成交；1999年7月7日拍卖一件"摄政时期"桃花心木椭圆形酒关口，高57厘米，估价0.8～1.2万英镑，最后以0.782万英镑成交。

共济会会员台架
年代：18 世纪
尺寸：高 75cm　长 50.8cm
拍卖时间：2000 年 5 月 30 日～6 月 2 日
估价：GBP 800～1,000

（展开）

桃花心木斜面台
年代：法国摄政时期
尺寸：高 88cm　长 47cm　宽 53cm
拍卖时间：2004 年 5 月 11 日
估价：GBP 1,800～2,500

桃花心木黄铜椭圆形酒冷却器
年代：英国乔治三世时期
尺寸：高 56cm　长 65cm　宽 45cm
拍卖时间：1999 年 7 月 7 日
成交价：GBP 2,990

椴木餐具盒

年代：英国乔治三世时期

尺寸：高 36cm 长 22cm 宽 21cm

拍卖时间：2004 年 5 月 11 日

估价：GBP 400~600

桃花心木圆酒柜

年代：英国乔治三世时期

尺寸：高 50cm 直径 42cm

拍卖时间：2003 年 6 月 10 日

估价：GBP 1,000~1,500

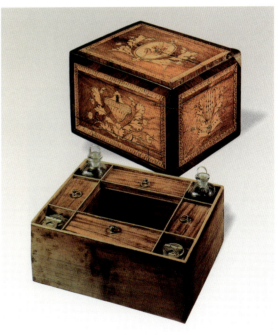

马赛克镶嵌画框

年代：约 1837 年

尺寸：宽 38cm

拍卖时间：1986~1987 年

估价：SF 31,900

小箱

年代：18 世纪晚期

尺寸：高 16cm 长 25.5cm 宽 21cm

拍卖时间：1998 年 12 月 13 日

成交价：US$ 5,062

细木镶嵌镜子
年代：不详
尺寸：高 146.5cm　宽 93cm
拍卖时间：2003 年 9 月 16 日
估价：EUR 3,000～4,000
(细木镶嵌做工。四边由上好木材细线条装饰，珠光色乌木色的星形图案点缀。三角楣处全部珠光色，由乌木色树叶图案点缀，中间处由珠光色新月造型点缀)

安妮皇后胡桃木镜子
年代：英国安妮皇后时期
尺寸：高 109cm　宽 58cm
拍卖时间：2003 年 2 月 4 日
估价：GBP 600～1,000

玻璃茶色小盒子
年代：约 1780 年
尺寸：高 12.7cm　长 18.5cm　宽 11cm
拍卖时间：2000 年 5 月 30 日～6 月 2 日
估价：GBP 850～950

金属薄片涂漆茶色小盒子
年代：约 1830 年
尺寸：高 16.5cm　长 30.5cm　宽 12.7cm
拍卖时间：2000 年 5 月 30 日～6 月 2 日
估价：GBP 800～900

门厅头巾架

年代：不详

尺寸：高 110.5cm　宽 40.5cm

拍卖时间：2003 年 9 月 16 日

估价：EUR　1,200～1,500

门厅头巾架（1 对）

年代：不详

尺寸：高 79.5cm　宽 28cm

拍卖时间：2003 年 9 月 16 日

估价：EUR　1,200～1,500

西洋家具陈设图

镀金装饰私家轿

年代：18 世纪

尺寸：高 178cm　长 79cm　宽 93cm

拍卖时间：1999 年 7 月 7 日

成交价：GBP 8,050

胡桃木雕刻门厅衣帽架
产地：德国巴伐利亚
年代：19 世纪
尺寸：高 212cm
拍卖时间：2004 年 6 月 24 日
估价：GBP 5,000～7,000

桃花心木多层餐台
年代：英国乔治三世时期
尺寸：高 120cm 直径 62cm
拍卖时间：2003 年 9 月 2 日
估价：GBP 1,500～2,500

橡木茶台
年代：19 世纪
尺寸：不详
拍卖时间：2003 年 5 月 30 日
估价：EUR 2,000～2,500

桃花心木展示架
年代：英国乔治三世时期
尺寸：高 146cm 宽 48cm
拍卖时间：2003 年 2 月 4 日
估价：GBP 1,500～2,500

镀金黄铜及黑檀色 WHATNOT 台架
年代：19 世纪晚期～20 世纪早期
尺寸：高 87cm 宽 37cm
拍卖时间：1999 年 7 月 7 日
估价：GBP 700～1,000

花盆架
年代：19 世纪早期
尺寸：高 97cm 直径 59.5cm
拍卖时间：1998 年 12 月 13 日
成交价：US$ 22,271

首饰箱

年代：法国路易十五时期

尺寸：高 99cm　宽 37cm

拍卖时间：1998 年 12 月 13 日

成交价：US$ 137,764

（展开）

哥特式橡木自助餐台

年代：不详

尺寸：高 131.5cm　长 108cm　宽 62cm

拍卖时间：2003 年 9 月 16 日

估价：GBP 800～1,200

花盆架

年代：法兰西第一帝国时期

尺寸：高 83cm　直径 51cm

拍卖时间：1998 年 12 月 13 日

成交价：US$ 4,455

桃花心木架子床
年代：英国维多利亚女王时期
尺寸：高 213cm　长 129cm　宽 219cm
拍卖时间：2004 年 10 月 19 日
估价：GBP 1,000～1,500

桃花心木黑檀木木匠工具箱
年代：19 世纪早期
尺寸：高 62cm　长 102cm　宽 66cm
拍卖时间：1999 年 7 月 7 日
成交价：GBP 2,760

橡木雕花门扇
年代：18 世纪
尺寸：高 288cm　宽 170cm
拍卖时间：2004 年 4 月 5 日
估价：EUR 5,000～6,000

西洋卧室家具陈设图

桃花心木坎特布里报刊架
年代：英国威廉四世时期
尺寸：高48cm　长54cm　宽38cm
拍卖时间：2004年5月11日
估价：GBP 400~600

桃花心木椭圆形酒关口
年代：法国摄政时期
尺寸：高57cm　长119cm　宽56cm
拍卖时间：1999年7月7日
成交价：GBP 7,820

桃木小箱
年代：1771年
尺寸：高44cm　长61cm　宽84cm
拍卖时间：2004年1月12~15日
估价：EUR 2,000

桃花心木食物箱
年代：不详
尺寸：高86cm　长83cm　宽41cm
拍卖时间：2004年1月12~15日
估价：EUR 3,000

黑檀木首饰盒
年代：18 世纪早期
尺寸：长 52.7cm
拍卖时间：1986～1987 年
成交价：US$ 187,000

红木面嵌黄铜提盒
年代：约 1745 年
尺寸：不详
拍卖时间：2000 年 5 月 30 日～6 月 2 日
估价：GBP 1,800～2,600

桃花心木茶叶盒
年代：不详
尺寸：宽 29.2cm
拍卖时间：1999 年 7 月 7 日
估价：GBP 1,000～1,500